중국 패션
모바일 앱 비즈니스

중국 패션 모바일 앱 비즈니스

발행일   2017년 11월 10일

지은이   박 선 영
펴낸이   손 형 국
펴낸곳   (주)북랩
편집인   신일영   편집   이종무, 권혁신, 최예은
디자인   이현수, 김민하, 한수희, 김윤주   제작   박기성, 황동현, 구성우
마케팅   김회란, 박진관, 김한결
출판등록   2004. 12. 1(제2012-000051호)
주소   서울시 금천구 가산디지털 1로 168, 우림라이온스밸리 B동 B113, 114호
홈페이지   www.book.co.kr
전화번호   (02)2026-5777   팩스   (02)2026-5747

ISBN   979-11-5987-843-5 03320 (종이책)   979-11-5987-844-2 05320 (전자책)

이 도서의 국립중앙도서관 출판예정도서목록(CIP)은 서지정보유통지원시스템 홈페이지(http://seoji.nl.go.kr)와
국가자료공동목록시스템(http://www.nl.go.kr/kolisnet)에서 이용하실 수 있습니다.
(CIP제어번호 : CIP2017028900)

(주)북랩 성공출판의 파트너

북랩 홈페이지와 패밀리 사이트에서 다양한 출판 솔루션을 만나 보세요!

홈페이지 book.co.kr   •   **블로그** blog.naver.com/essaybook   •   **원고모집** book@book.co.kr

중국 패션
모바일 앱 비즈니스

패션 애호가들을 단숨에 사로잡는
모바일 앱 성공전략

박선영 지음

북랩 book Lab

하사(賀辭)

지금 지구촌은 모든 분야에서 역동의 시대를 맞이하고 있습니다. 역동의 시대는 촌각의 변화를 요구하고 있으며, 그 변화의 물결에 동참한 산업의 유통 분야는 E-비즈니스에서 모바일 시대의 격동기를 맞이하고 있습니다. 이러한 기조는 우리나라 패션업계도 예외는 아닙니다.

이와 같은 흐름에 눈여겨볼 CEO가 있습니다. 그분은 바로 Fashion DK(上海传诚时装股份有限公司) 박선영 부사장입니다. 박부사장은 15여 년 전 인터넷을 통한 전자상거래로 유통이 전환될 것을 예상한 실무자로서 2002년 전자상거래에 관련된 책 『패션 E 비즈니스』를 집필한 바 있습니다. 이는 우리나라 패션문화사업에 일조가 되었다고 확신합니다.

이제는 모바일 시대입니다. 이는 세계의 지구촌을 안방의 쇼핑센터로 전환하는 시대가 도래하였음을 의미합니다. 그러기에 오늘날 모바일 패션 분야는 어느 장소를 불문하고 누구에게나 한 손에서 쉽게 다루어질 수 있는 분야가 되었습니다. 이러한 상황은 우리의 관심을 가장 광범위한 모바일 시장이라 할 수 있는 중국의 패션 모바일 시장으로 향하게 합니다. 그러나 그 시장을 이해하기에는 많은 어려움이 함께하고 있는 것이 현실입니다. 그 이유는 이와 관련된 지식을 전달할만한 현지의 실무경험과 데이터의 부족으로 관련된 책이 그리 많지 않기 때문이라고 생각합니다.

이러한 우리의 갈증 해결에 도움을 줄 수 있는 책,『중국 패션 모바일 앱 비즈니스』가 출판되었기에 기쁜 마음 그지없습니다. 이 또한 박신영 부사장이 집필한 책이기에 큰 의미가 있다고 생각합니다. 이 책은 그동안 중국 현지에서 20여 년 이상의 패션의 실무와 경영을 바탕으로 중국의 첨단 모바일 시장과 IT 산업을 직접 경험한 것들을 하나씩 기록한 박 부사장의 아날로그 노력의 결과이기 때문입니다. 그러기에 이 책은 지금까지 없었던 중국 모바일 패션 비즈니스 분야의 안내자로서 중국 시장을 배우고 개척하고자 하는 기업인, 직장인, 그리고 학생들에게 큰 도움의 초석이 될 것으로 기대합니다.

의미 있는 결과, 따뜻한 마음으로 축하하며 낙양지귀(洛陽紙貴)하길 진심으로 응원합니다.

한국패션협회 회장

원 대 연

추천의 글(推荐文)

作者的作品《中国服饰移动互联网商业》

随着商业世界与移动互联网技术世界的交叉相融，服饰市场也
变得日益错综复杂。
互联网时代服饰市场需要适应时代需求的创新战略。
很高兴在这样一个时期，有韩国方面移动互联网领域的专家，
愿意分享如何抓住由技术革新、商品革新、资本市场变化等带
来巨大市场机会。

阿里巴巴的企业理念是[让天下没有难做的生意]，
作者作为一个韩国相关领域专家，她的眼界与马云的企业理念
不谋而合，以开放的姿态分享先于中国发展的韩国互联网服饰
领域商业经验，意在以全球化的视野以及责任感，为中国服装
移动互联网商业模式的持续成长贡献力量，进而促进中韩两国
服饰领域的共同友好发展。

'중국 패션 모바일 앱 비즈니스'

비즈니스 세계와 모바일 인터넷 기술이 서로 융합이 되면서 세계는 점점 연결되면서 패션마케팅도 더욱 복잡해지고 있다. 네트워크로 연결된 시대에는 패션마케팅도 새로운 전략이 필요하다.

이러한 시기에 한국 패션 모바일 비즈니스 분야 전문가가 어떻게 하면 기술혁신, 상품혁신, 자본시장의 변화 중에서 마케팅의 기회를 포착할 수 있는지를 공유해 줄 수 있어 아주 기쁘게 생각한다.

알리바바의 기업 이념은 '세상에 어려운 비즈니스는 없다'이다. 한국 관련 업계의 전문가로서 저자의 안목은 마윈과 일치한다. 개방적인 태도로 중국보다 앞서 발전한 한국의 인터넷 패션 영역의 경험을 공유하고 보다 세계화된 시각과 책임감으로 중국 패션 모바일 인터넷 비즈니스 모드의 성장과 공헌에 기여하고 나아가 중한 패션업계의 동반성장을 촉진하는 데 그 뜻이 있다.

中国服装 徐明稚 敎授

차례

I

모바일 APP이란?

II

패션 APP이란?

III

마케팅 성공 사례

I

모바일 APP이란?

.

.

1.
모바일 앱의 정의와 역사

1) 모바일 앱이란?

(1) 앱(APP)이란?

스마트폰이 출시되면서 출현한 개념으로 스마트폰에서 사용하는 애플리케이션(application, APP, 앱)의 줄임말로서 사전적인 의미로는 '응용, 적용' 등의 뜻이 있다. 흔히 컴퓨터에서 이야기하는 어플이라는 것은 응용프로그램을 이야기하며, 응용프로그램은 최종 사용자가 쉽게 사용할 수 있는 소프트웨어이다. 앱은 프로그램 공급의 편리성, 보안성, 안전성 등을 위하여 가게에서 공급하는데 앱스토어는 애플리케이션 스토어(Application Store)의 준말로, 스마트폰의 콘텐츠 응용프로그램을 사고팔 수 있는 온라인상의 콘텐츠 장터를 의미한다.

2) 모바일 앱의 역사 도래

  스마트폰 가입자 수는 매년 꾸준하게 증가하여 2014년 9월 기준 누적 가입자 수는 4천만 명을 돌파했고, 전체 가구의 스마트폰 보유율은 84.1%로 PC 보유율(78.2%)을 뛰어넘었다. 편리하게 휴대할 수 있는 모바일의 기기적 특성과 정보통신기술 발전에 따라 무선인터넷 사용이 자유로워지면서 스마트폰은 PC의 기능을 대체하고 있다. 이에 따라 게임, 쇼핑, 오피스, 결제 등 다양한 오프라인 서비스가 모바일로 이동하면서 스마트폰은 우리 생활에 꼭 필요한 기기가 되었다.

  2013년 한국인터넷진흥원이 발표한 자료에 따르면 다양한 앱 이용(66.2%)과 모바일 인터넷 이용(52.7%)이 스마트폰을 이용하는 주된 원인으로 조사되었고, 2014년 KT경제경영연구소 자료에 따르면 1일 스마트폰 이용시간(219분) 중 앱을 이용하는 시간은 186분으로 모바일 웹/포탈 이용시간(33분)보다 앱을 이용하는 시간이 월등히 높았다.

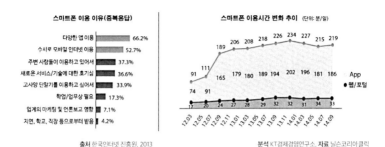

출처 한국인터넷 진흥원, 2013   분석 KT경제경영연구소, 자료 닐슨코리아클릭

스마트폰 이용의 이유, 시간

PC의 경우 사용자는 검색포털을 기반으로 필요한 정보나 사이트를 이용하지만, 스마트폰의 경우 앱 스토어를 통해 자신에게 필요한 앱을 내려받아 사용한다. 모바일 앱 시장이 활성화된지 5~6년 사이에 사용자의 사용량이 급증하면서 많은 기업은 모바일 앱 시장에서 새로운 비즈니스 모델을 찾고자 노력하고 있다.

이에 모바일 광고 연구소(모-광-연)에서는 국내 모바일 앱 시장을 살펴보고 모바일 앱 서비스를 준비하는 분들에게 실질적인 정보를 제공하고자 'Korea Mobile App Industry Map'을 제작했다. 국내 스마트폰 사용자 중 90% 이상이 안드로이드 운영체제(OS)를 사용하고 있기 때문에 구글 플레이스토어를 기준으로 10만 이상의 다운로드를 기록한 앱을 조사했고 실질적으로 많이 활용하는 19개의 카테고리(Entertainment, Book/Comic, Photos,

Video, Sports, Health, Travel, Productivity, Tool, Security, Lifestyle, Food)
로 분류하여 카테고리와 앱의 연관성, 앱 간의 연관성을 비교해
카테고리별 10~15개의 앱을 선정했다.

2.
모바일 앱의 유형

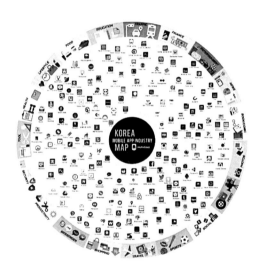

'Korea Mobile App Industry Map' 주요 카테고리에 대한 설명
은 다음과 같다.

(1) PHOTOS와 VIDEO 부문

Photos는 사진을 촬영하거나 촬영 후 보정, 수정할 수 있는 서비스를 제공하는 앱을 모아놓은 카테고리이다. Video 카테고리에는 동영상 촬영 및 동영상 시청과 동영상 편집 서비스를 제공하는 앱을 선정했다.

(2) SPORTS와 HEALTH 부문

Sports는 스포츠 티켓 구매, 점수 확인 등 스포츠와 관련된 정보를 제공하는 앱을 모아놓은 카테고리이다. Health 카테고리에는 자신의 운동량, 식사량 등을 기록하여 건강을 챙길 수 있게 도와주는 앱을 선정했다.

(3) TRAVEL 부문

Travel은 숙박, 여행 후기, 지도, 여행 커뮤니티 등 여행에 필요한 서비스를 제공하는 앱을 모아놓은 카테고리이다.

(4) PRODUCTIVITY와 TOOL 부문

Productivity는 업무 생산성을 높이는 데 도움을 주는 앱들로 명함 정리, 메모, 클라우드, 오피스 등의 앱을 선정했다. Tool 카테고리에 등재된 서비스는 위젯, 파일 정리(클리너), 키보드 등 모바일 기기의 성능을 향상하는 앱을 모아놓은 카테고리이다.

(5) SECURITY 부문

Security는 모바일 보안에 관한 부분으로 바이러스 차단, 스팸 번호 차단 등 모바일 해킹의 피해를 방지해주는 앱을 선정했다.

(6) LIFESTYLE과 ENTERTAINMENT

Lifestyle 카테고리는 알람, 주차, 미용, 행사 정보 등 일상생활에 도움을 주는 앱을 선정, 구성하였고, Entertainment 부분에는 모바일 게임을 제외한 영화, 유머 등 오락물을 제공하는 앱을 선정했다.

스마트폰만 있으면 TV 시청, 쇼핑, 음식 배달, 티켓 예매, 여행 스케줄 작성 등 손안에서 일상생활의 모든 일을 영위할 수 있다. 빠른 속도로 성장하고 있는 앱 시장이 매력적으로 보일 수 있지만, 이미 많은 서비스가 모바일 앱 시장에 진출한 상태이다. 특정 카테고리는 시장이 포화한 상태이다. 성공적인 모바일 비즈니스를 출시하기 위해서는 더 철저한 시장조사와 경쟁사 조사가 필요한 상태이다. 새로운 모바일 서비스 출시를 계획하고 있다면 'Korea Mobile App Industry Map'을 통해 모바일 앱 생태계를 이해하고, 사람들이 찾아내지 못한 성공의 틈을 발견하길 바란다.

3.
모바일 앱의 동향

1) 모바일 앱의 현황

스마트폰, 태블릿 PC뿐만이 아니라 스마트시계, 스마트밴드 등 모바일 기기가 전 세계적으로 확대되면서 모바일 앱 스토어가 급속도로 성장하고 있다. 현재 모바일 앱 스토어는 애플의 앱스토어와 구글의 구글 플레이가 전 세계 시장을 주도하고 있으며, 모바일 앱스토어 내 경쟁 구도가 이루어지고 있다. 현재 애플의 앱스토어가 2013년 기준으로 매출 100억 달러의 매출을 올려 구글 플레이보다 선두에 있지만, 최근 구글 플레이가 무료 앱을 기반으로 한 비즈니스 모델을 통해 수익이 확대되면서 시장점유율이 급속히 증가하고 있다.

또한, 최근 웹 플랫폼 확산으로 웹 앱에 대한 관심이 확대되고 있으나, 모바일 앱 시장의 주도권을 잡은 앱스토어와 구글 플레이가 본래 앱 기반으로 시장이 형성되어 있어 새로운 웹 앱 시장의 확산은 장기적 관점에서 관찰해야 한다.

2) 모바일 앱 사용자의 유형

(1) 성, 연령별 다운로드 받는 모바일 앱의 유형

모바일 다운로드 이용자는 '게임(76.8%)', '커뮤니케이션(45.4%)', '음악(42.4%)', '유틸리티(41.7%)' 등의 순으로 모바일 앱을 다운로드 받는 것으로 나타났다.

남성은 '게임(79.1%)', '지도, 내비게이션(42.6%)', '날씨(40%)', '뉴스(38.5%)' 순으로 모바일 앱을 다운로드 받는 경우가 많으며, 여성은 '음악(44.2%)', '쇼핑(32.4%)' 모바일 앱을 상대적으로 많이 다운로드 받는 것으로 나타났다.

연령별로는 12~19세 및 20, 30대의 80% 이상이 '게임' 모바일 앱을 다운로드 받는 것으로 나타났으며, 50대의 경우 '지도, 내비게이션(62.3%)' 모바일 앱을 가장 많이 다운로드 받는 것으로 조사되었다.

성, 연령별 다운로드 받는 모바일 앱의 유형(단위: %)

구분	게임·오락	커뮤니케이션	날씨	뉴스	음악	지도·내비게이션	동영상	유틸리티	금융·증권	TV·라디오	쇼핑	생활정보	교육·학습	전자책	오피스
전체	64.8	55.8	51.7	48.8	48.5	46.5	34.8	33.9	33.3	27.8	25.7	17.5	17.5	14.3	11.9
남성	68.0	53.2	54.2	56.0	45.7	50.4	37.9	33.3	38.1	29.1	21.5	12.7	16.7	15.6	13.5
여성	61.2	58.9	48.8	40.5	51.8	41.9	31.1	34.4	27.8	26.4	30.5	23.1	18.4	12.8	10.0
12-19세	74.4	54.8	30.0	25.0	55.1	22.7	33.4	36.6	9.6	15.7	14.7	9.2	16.5	15.9	10.4
20대	71.1	61.2	49.5	44.2	53.0	44.4	32.1	35.6	37.1	20.1	26.3	16.5	16.7	14.7	12.8
30대	71.4	53.3	55.2	50.0	43.2	49.1	34.3	29.5	37.8	28.2	29.9	19.8	15.7	14.7	8.7
40대	57.7	52.8	60.5	61.5	46.6	55.1	38.5	35.6	39.6	39.3	28.1	21.3	20.5	14.1	14.7
50대	30.1	55.3	64.1	68.9	44.3	64.1	37.9	32.8	35.0	43.8	24.7	19.3	19.6	10.3	14.2

출처 : 한국인터넷진흥원, 2012년 스마트폰이용실태조사(상반기)

(2) 성, 연령별 다운로드 받는 모바일 앱의 유형(복수응답의 경우)

스마트폰 이용자가 주로 이용하는 모바일 앱을 살펴보면, '게임(64.8%)', '커뮤니케이션(55.8%)', '날씨(51.7%)' 등의 순으로 나타났다.

또한, 40대는 '뉴스(48.8%)', '음악(48.5%)', '지도, 내비게이션(46.5%)' 이며, 30대는 '동영상(34.8%)', '유틸리티(33.9%)', '금융-증권(33.3%)' 등의 순으로 나타났다.

남성은 '게임(68%)', '날씨(54.2%)', '뉴스(56%)', '지도-내비게이션(50.4%)' 모바일 앱을 많이 이용하는 반면, 여성은 '커뮤니케이션(58.9%)', '음악(51.8%)', '쇼핑(30.5%)' 순으로 나타나 성별에 따라 이용하는 앱의 차이가 있는 것으로 나타났다.

(3) 주로 이용하는 서비스 및 앱 유형

주로 이용하는 서비스 및 유형(단위: %)

주로 이용하는 서비스		주로 다운로드받는 모바일앱		주로 이용하는 모바일앱	
알람 · 시계	94.1	게임 · 오락	76.8	게임 · 오락	64.8
달력, 일정관리	87.0	커뮤니케이션	45.4	커뮤니케이션	55.8
모바일인스턴트 메신저	86.4	음악	42.4	날씨	51.7
정보검색	85.3	유틸리티	41.7	뉴스	48.8
음악 감상	83.2	지도 · 내비게이션	39.0	음악	48.5
뉴스	78.9	날씨	36.0	지도 · 내비게이션	46.5
날씨	75.9	뉴스	31.1	동영상	34.8
게임 · 오락	74.3	동영상	31.0	유틸리티	33.0
대중교통 정보	73.2	쇼핑	28.1	금융 · 증권	33.3
이메일	72.6	금융 · 증권	27.8	TV. 라디오	27.8
지도서비스	72.6	생활정보	25.3	쇼핑	25.7
동영상 감상	70.8	TV. 라디오	24.6	생활정보	17.5
연락처 · 명함	69.9	교육 · 학습	22.2	교육 · 학습	17.5

스마트폰에서 이용하는 서비스 현황, 주로 다운로드 받는 모바일 앱, 주로 이용하는 모바일 앱에 대해 비교하면 유사한 결과를 보인다. 주로 이용하는 서비스에 대해 비교하여 서비스 유형별 이용경로에 대해 분석할 필요가 있을 것으로 보인다. 이용경로는 단말기에 내장된 모바일 앱, 다운로드 받은 모바일 앱,

모바일 웹 등으로 구분할 수 있다.

3) 모바일 앱 쇼핑

(1) 개인이 모바일 앱을 통해 물건을 구매하는 이유

소비자들도 스마트폰을 이용해 똑똑한 소비를 한 지 오래다. 이제 소비자들은 백화점에 들러 고가의 옷과 보석을 착용해 보고 모바일을 이용해 이 제품들을 싼 가격에 구매한다.

이러한 흐름은 소비자들이 매장을 직접 가기보다는 휴대폰을 이용해 물건 사는 것을 더 선호하는 등 소비자들의 쇼핑 패턴이 최근 급격히 변하고 있기 때문이다. 힘들게 매장에 가지 않아도 물건을 더 싸게 살 수 있는 환경이 구축된 상태에서 시간을 들여 매장을 찾는 소비자는 갈수록 줄 수밖에 없다. 모바일 쇼핑이 대세로 자리 잡자 각 유통사는 너도나도 '모바일 퍼스트' 전략을 앞세워 이 시장을 잡기 위한 경쟁에 뛰어들고 있다.

롯데는 이미 신동빈 회장의 지시로 모바일, 인터넷, 오프라인 유통 채널 간 통합을 꾀하는 옴니 채널 구축을 그룹의 신성장 동력으로 지목한 상태이다. 신세계도 백화점, 대형마트의 상품을 모바일과 온라인에서 편하게 쇼핑할 수 있도록 'SSG닷컴'을 오픈하고 이 시장 공략을 강화하고 있다.

유통업계 관계자는 "유통업체들의 변화는 모바일로 대표되는 새로운 쇼핑 환경에 제대로 적응하지 못하면 생존할 수 없다는 절박함이 반영됐다"며 "향후 모바일 시장을 누가 장악하느냐에 따라 유통업계 권력지형도도 변할 수밖에 없다"라고 말했다.

쇼핑 단계별 온라인과 오프라인 비중이 약 7:3으로 온라인이 모든 단계에서 우위를 점하고 있다. 시장조사 전문 기업 마크 로밀엠브레인의 트렌드모니터(trendmonitor.co.kr)가 스마트폰을 사용하는 전국 만19~59세 성인 남녀 1,000명을 대상으로 모바일 쇼핑과 관련한 설문조사를 하였다. 먼저 온라인과 오프라인 쇼핑의 이용을 비교 평가한 결과, 이제는 소비자들이 '오프라인 쇼핑'보다는 PC와 스마트폰을 활용한 '온라인 쇼핑'에 보다 익숙해져 있는 모습이 뚜렷하게 나타났다. 쇼핑 과정의 3단계라고 할 수 있는 '정보탐색'과 '구경 및 쇼핑', '결제' 과정에서 모두 오프라인보다는 온라인 채널의 이용 비중이 높은 것으로 조사된 것이다. 우선, 상품 및 서비스를 구매하기 전 관련 정보를 찾아보는 비중을 보면 오프라인 24.1%, 온라인 75.9%로 상품과 서비스에 대한 정보를 주로 온라인에서 찾아본다는 것을 알 수 있었다. 마찬가지로 해당 상품을 직접 구경하고 둘러보는 행동(오프라인 28.4%, 온라인 71.6%)과 최종적인 결제 행위(오프라인 30.1%, 온라인 69.9%)도 약 3:7의 비중으로 온라인상에서 더 많이 이뤄지고 있었다.

한편 온라인과 오프라인 쇼핑의 차이와 관련해서는 소비자의 절반 정도(47.2%)가 유통채널만 다를 뿐 상품의 차이는 없다고 바라봤다. 그러나 유통채널만 다를 뿐 온라인과 오프라인에서 제공하는 혜택이 같다는 의견에는 29.2%만이 동의를 하는 것으로 나타나, 상품보다는 '혜택의 차이'가 소비자들이 크게 느끼는 온, 오프라인 쇼핑의 차이라는 것을 알 수 있었다.

(2) 모바일 앱을 사용하는 데 있어서 문제점

개인정보보호 보안에 대한 만족도가 23.9%로 가장 낮아 모바일 해킹에 대한 문제점이 있다. 최근 들어 피해 사례가 증가하고 있는 것과 관련이 있고, 개선책이 시급하다.

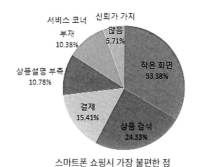

스마트폰 쇼핑시 가장 불편한 점

스마트폰 쇼핑을 사용하면서 사용자들이 가장 불편함을 겪는 부분으로 '작은 화면(33.38%)'이 가장 높은 비중을 차지했다. 이 부분은 하드웨어적인 한계지만 점차 스마트폰이 대형화되고 있고 패드 시장이 커지면서 자연스럽게 해결될 것으로 보인다. 상품 검색 결과에 보이는 항목들이 아직은 부족하다는 응답자도 24.33%나 차지하고 있었다.

4) 모바일 앱의 전망

전 세계 모바일 앱 마켓 다운로드 현황 및 전망(단위: 백만 개, %)

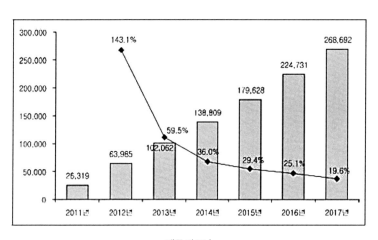

제공 가트너

위 자료에서 볼 수 있듯이 전 세계 모바일 앱 스토어의 다운로드 수는 2013년 1,021억 개에서 연평균 27.4% 성장하면서 2017년에는 2,687억 개에 이를 것으로 전망했었다.

이 중 본래 앱 형태로 다운로드 되는 앱의 비중은 2013년 전체의 98.5%를 차지하고 있었다.

전 세계 모바일 앱 마켓 다운로드 수익 현황 및 전망(단위: 백만 개, %)

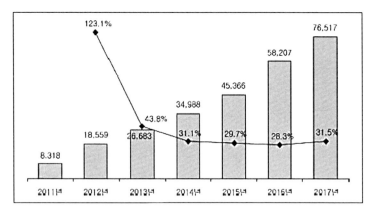

제공 가트너

　전 세계 모바일 앱 스토어 수익은 유료 수익, 무료인 앱 구매,
광고 수익 등의 수익을 모두 합쳐 2013년 267억 달러에서 연평
균 30.1% 성장해 2017년에는 765억 달러에 이를 것으로 전망했
었다. 부문별 수익 현황 및 전망을 살펴보면 2013년 기준으로
유료수익이 75.9%로 가장 큰 비중을 차지하고 있고 무료 앱 다
운 후 결제를 유도하는 앱 구매는 17.2%, 광고는 6.7%를 차지하
고 있었다.

출처: 정보통신정책연구원 미래융합연구실 자료

4.
모바일 앱의 종류

요즘 대부분의 앱은 GPS(위치기반 서비스) 기능을 기반으로 한 생활에 밀착된 앱으로 쇼핑, 여행, 건강, 배달 등이 있다.

1) 쇼핑 형 앱

(1) 위메프(WE MAKE PRICE)

 위메프는 위메이크프라이스의 줄임말로 2010년 10월 8일 운영을 시작했으며 뷰티 랭킹 서비스인 '위메이크 뷰티', 해외배송 대행 서비스인 '위메프 박스'로 지금 현재는 가장 인기 있는 쇼핑 앱 중 하나이다.

위메프는 위조품 유통방지 계약 체결, 쿠폰 서비스와 다양한 이벤트를 통해 서비스 품질 1위, 소셜커머스 앱 사용률 1위를 차지하고 있다.

위메프에서는 의류, 식품, 가전제품, 생활용품뿐만 아니라 여행, 항공권, 숙박, 지역 할인쿠폰 등으로 다양한 서비스를 제공 중이다.

(2) 쿠팡

쿠팡은 대한민국 대표 소셜 커머스 중 하나이다. 3년 연속 모바일 최고 쇼핑몰로 선정된 적이 있으며, 패션, 미용, 마트 외에 쇼핑몰 상품도 구매할 수 있다. 쿠팡은 다른 소셜 네트워크와 다른 독보적 요소를 갖추고 있는데, 그중 하나가 로켓 배송과 쿠팡맨이다. 당일배송과 쿠팡맨의 친절한 서비스로 소비자의 반응이 좋아 판매율도 좋아졌다. 또한, 한 번만 신청해 두면 매달 자동으로 생필품을 배송해주는 정기배송 서비스도 제공하고 있다.

(3) 타오바오

타오바오는 중국 인터넷 기업인 알리바바 그룹이 운영하는 오픈 마켓으로, 현재 중국이나 홍콩, 마카오 등의 중화권 소비자들이 많이 이용하고 있다. 한국의 옥션, 지마켓과

비슷하며, 중국 C2C 시장에서 타오바오의 시장점유율은 80%가 넘을 정도로 현재 중국에서 가장 인기가 좋다. 또 중국을 넘어서 한국에서도 해외 직구할 정도로 높은 인기를 자랑하고 있다.

2) 음악 앱

(1) 엠넷 미디어

 엠넷 미디어는 1994년에 설립되어 인터넷 음악사이트 운영뿐만 아니라, 음악 전문 방송 채널, 연예매니지먼트, 음반 기획, 음반 제작 등 음악을 전문으로 다뤄 상품화하는 기업이다. 다운로드만 하면 어디서나 들을 수 있고, 음악이 우리 생활의 일부분이 되면서 음악 관련된 앱은 누구나 가지고 있는 앱이 되었다.

(2) QQ

 QQ는 텐센트 기업에서 만든 온라인 디지털 음악 서비스 플랫폼으로 대용량 음원과 가사, 유행하는 신곡, 핸드폰 벨 소리 다운, 뮤직비디오 무료 감상 등 많은 서비스를 제공한다. 중국 음악뿐만 아니라 한국, 일본, 미국, 영국 등 많은 나라의 음원을 포함하고 있으며, 음원 랭킹도 갖춰져 있어 한눈에 각 나라의 최신 유행 음악을 알아볼 수 있게 되어 있다. 현재 QQ는 음악 앱 중 36.91%를 차지하며 업계 1위를 차지하고 있다.

3) 숙박 앱

(1) 여기 어때

'여기 어때'는 사용자 위치를 기반으로 근처 숙박업체 정보를 제공하는 숙박 O2O 서비스이다. 현재 약 5,300여 개의 전국 숙박업체 정보를 제공한다. 숙박업체의 기관 및 객실 사진, 위치, 가격, 360 VR 객실 정보 등을 볼 수 있다. 앱을 통해 최저가 보상제를 시행하고 있으며, 100% 환불 보장 제도를 실시 중이다.

(2) CTRIP

Ctrip은 중국 온라인 관광업 서비스 앱이다.

전 세계 200개 국가 및 지역 내 100만 개의 호텔뿐만 아니라, 6개 대륙 5,000여 개 도시 항공 노선의 효율적인 예약 서비스로 완성도 높은 구조의 통합 여행서비스를 제공한다. 다운로드 횟수 10억 건 이상을 달성하였으며, Ctrip은 온라인 호텔 예약의 75%, 항공권 예약의 60% 이상 모바일 앱 예약을 차지하고 있다.

4) 메신저 앱

(1) 카카오톡

 카카오톡은 국내 안드로이드 이용자의 모바일 메신저 사용시간 90%를 차지하는 한국에서 가장 인기 있는 메신저이다. 가입/로그인 없이 전화번호만 있으면 채팅, 동영상 등의 정보를 주고받을 수 있다. 카카오톡을 이용해 브랜드의 플러스 친구와 연계되어 실시간으로 소통할 수 있으며, 카카오 택시, 스타일, 미용실 예약 등 다양한 서비스를 제공 중이다.

(2) 위챗

 위챗은 중국 최대 인터넷 기업인 텐센트가 서비스하는 모바일 메신저이다. 월간 사용자 수가 8억 600만 명으로 큰 규모이며 중국어, 영어, 한국어 등 18개국의 언어를 제공한다. 무료 채팅, 사진 공유 외에 가까운 위챗 사용자를 보여주는 기능인 주변 탐색 기능도 갖추고 있으며, 위챗페이로 돈을 송금하거나 결제할 수 있다. 친구 추가는 서로 QR코드를 스캔하여 추가할 수 있다.

5.
모바일 앱의 측면

1) 모바일 앱의 긍정적 측면

모바일 앱의 큰 장점은 편리성이다. 움직이지 않아도 무언가를 살 수 있으며, 그것이 집으로 배달까지 온다. 앱을 이용하면 직접 가지 않아도 보고 느낄 수 있고, 취미 생활도 가질 수 있으며, 스마트 기기를 통해 건강까지 점검할 수 있다. 이렇게 모바일 앱은 우리 생활의 일부분이 되어 우리에게 편리성을 준다. 모바일 앱의 편리성은 경제 성장과도 깊은 연관이 있다. 우리가 편리성을 위하여 무언가를 구매하거나, 콘텐츠를 보거나, 앱만 이용을 해도 하나의 상업으로 경제 성장으로 연결된다. 이렇게 모바일 앱은 경제에도 영향을 끼친다.

2) 모바일 앱의 부정적 측면

모바일 앱은 편리한 장점이 있다. 하지만 장점이 단점이 되기도 한다. 모바일 앱이 편리한 만큼 우리는 모바일 앱에 의존하고 있고 점점 의존도는 높아지고 있다. 그러면서 사회적 문제나 건강문제를 일으킨다. 몸 건강을 해치는 거북목 증후군, 손목 터널 증후군, 디지털 치매 등을 유발하며, 디지털 격리 증후군으로 사람을 직접 만나는 걸 피곤하게 여기고 기기를 통해 소통함으로써 공감 능력, 대인관계, 사회생활 저하 등의 문제를 발생시킨다.

6.
모바일 앱의 마케팅 & 사례

1) 모바일 앱의 온라인 마케팅

마케팅은 시대에 따라, 상황에 따라, 사회적 현상에 따라, 꾸준히 변화해 왔고 지금도 변화하고 있다. 최근 스마트폰을 이용해 인터넷에 접속하는 사람들이 많이 늘어나고 모바일 위치기반 서비스 등이 등장하였다. 더불어 GPS나 셀 ID를 통한 위치 기반 모바일 마케팅도 성장 가능성을 인정받으면서 모바일 마케팅이 새롭게 주목받고 있다. 인터넷이 급속하게 마케팅의 주요한 채널이 되었듯, 모바일도 강력한 마케팅 수단으로 자리매김하고 있다. 이러한 변화 속에서 모바일이 가져올 새로운 마케팅 기회를 충분히 이해하고 그 활용법에 대해 인지할 필요가 있다.

(1) 브랜드 앱(BRAND APPLICATION)

브랜드 앱은 기업이 브랜드와 제품 홍보를 위해 제작, 배포하는 스마트용 애플리케이션이다. 이어폰을 중심으로 한 스마트폰 초기 시장에서 홍보 효과가 커 새로운 마케팅 기법으로 주목받았다. 브랜드 앱의 역할을 살펴보면 단순 홍보부터 별도 App으로 판매하기까지 그 목적이 다양하다. 특히 명품의 경우, 직접적인 판매 증진보다는 홍보를 통해 상품 가치를 상승시켜 구매 욕구를 불러일으키고자 하는 데에 목적을 둔다. 2009년에 시행된 일본 BP Consulting의 '아이폰 브랜드 앱 이용 후 행동 및 인식의 변화 조사' 결과에 따르면, 아이폰 이용자의 50.6%가 브랜드 앱에 대해 인지하고 있으며, 이용 경험이 있는 이용자의 56.8%는 '해당 상품 및 기업에 관심이 증가했다'고 응답했다. 대표적인 브랜드 앱으로 미국 스타벅스에서 제공하는 애플리케이션을 예로 들 수 있다. 앱을 이용해 주변에서 가장 가까운 스타벅스 매장을 검색할 수 있는 것은 물론, 자신의 취향에 맞는 음료를 개별화해 저장하여 주문 시 이용할 수 있는 기능과 SMS, 이메일 등을 이용해 지인에게 선물하는 기능도 갖추었다. 소비자의 편리성을 증대시킨 동시에 흥미를 유발하는 엔터테인먼트적인 요소도 포함해 브랜드에 대한 호감도를 고취하고 소비자들이 브랜드에 쉽게 다가갈 기회를 제공한 전형적인 브랜드 앱의 예라고 할 수 있다.

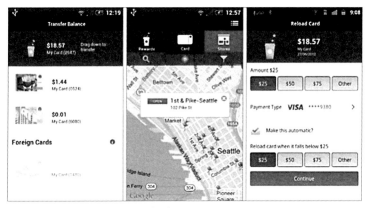

스타벅스 브랜드앱 https://play.google.com

(2) 위치 기반 서비스

일본 도미노피자는 2010년 2월부터 아이폰용 애플리케이션을 통해 고객들이 원하는 피자 사이즈, 토핑, 사이드 메뉴 등을 결정하고 주문하면 기존 주문한 주소는 물론 GPS 기능을 이용해 현재 위치로 배달받을 수 있는 서비스를 제공하고 있다. 도미노 피자 애플리케이션에는 피자를 기다리는 동안 피자를 이용한 게임을 할 수도 있고, 이 게임을 통해 획득한 포인트는 일정 금액 이상 쌓이면 메뉴를 주문할 수 있는 쿠폰을 구매하는 데 이용할 수 있다. 도미노 피자 애플리케이션은 출시 120여 일 만에 10만 건 이상의 다운로드가 이루어졌고, 앱을 통한 주문 매출액은 1억 엔을 기록했다.

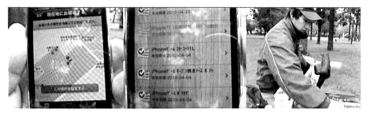

위치 기반 서비스를 이용한 일본 도미노 피자 어플리케이션 활용 사례
(http://labaq.com)

(3) QR CODE(QUICK RESPONSE CODE)

QR코드는 일종의 2D 바코드로서 1994년 일본에서 처음 개발되었다. 그동안 일본과 유럽에서 주로 사용되었으나, 최근 카메라와 무선 인터넷 기능을 갖춘 스마트폰 바람을 타고 급속히 퍼지고 있다. 스마트폰 카메라를 이용해 QR코드를 찍으면 동영상과 사진을 포함한 제품 및 서비스 관련 정보가 제공되는 홈페이지로 연결할 수 있고, 명함에 활용하면 전화번호, 이메일, SNS 정보 등을 휴대폰 전화번호부에 바로 저장할 수도 있다.

QR코드를 활용한 기업들의 마케팅 활동도 점점 늘어나고 있다. 각종 광고 매체에 QR코드를 삽입하여 고객들이 광고를 접한 후 호기심을 느끼는 순간에 직접적인 행동으로 연결되도록

하고 있다. 또한, 스캔 횟수나 스캔한 날짜와 시간 등의 정보를 파악할 수 있어 마케팅 효과도 손쉽게 측정할 수 있다. 앞으로 QR코드는 스마트폰의 대중화와 함께 기업들의 마케팅 활동이 더해지면서 일상생활 깊숙이 자리 잡을 것으로 예상한다.

(4) 소셜커머스(SOCIAL COMMERCE)

사람과 사람을 연결해주는 SNS 업체들은 거대한 사용자를 기반으로 기존의 광고수익 이외에 새로운 수익모델을 발굴하기 위해 노력하고 있다. 소셜커머스는 상거래 서비스에 소셜 네트워크 서비스(SNS) 적인 요소가 있거나 판매 자체를 SNS 내에서 하는 등 전자상거래를 위해 SNS를 활용하는 것을 의미한다. 소셜커머스는 SNS 업체들이 수익원 다각화에 적극적으로 나서면서 새로운 마케팅 패러다임으로 부상하고 있다. 소셜커머스의 여러 유행 중 가장 주목받는 것은 e-Commerce 사이트와 SNS를 연계시키는 방식이다. 특정 사이트에서 행한 구매, 평가, 리뷰 등의 활동이 구매자의 소셜 네트워크와 직접 연동되어 공유되는 방식으로 이루어지는데, 이러한 방식의 소셜커머스가 주목받는 이유는 다름 아닌 구전효과 때문이다. 자신이 알고 지내는 지인들에 의한 구전은 그 신뢰도가 상당해 소비자의 특정 브랜드 선택에 큰 영향을 미친다.

청바지 브랜드 리바이스는 2010년 4월 미국 홈페이지에서 'Friends Store'를 열었다. Facebook과 연동되어 'Like'와 'Facebook connect'를 이용할 수 있는데, 이를 통해 일반 대중들은 물론 자신의 지인들이 어떠한 옷을 좋아하는지 혹은 관심 있는지 알 수 있도록 한 것이다. 이에 대한 소비자들의 반응은 열광 자체였다. 출시 1주일 만에 무려 4,000여 개의 'Like'를 기록했고 2011년 6월에 4,469,000여 명의 사람들로부터 'Like'를 받았다. 그뿐만 아니라 Facebook 내에서도 리바이스를 좋아하는 사람이 늘었다고 한다.

(5) 인스타그램 마케팅 성공 사례

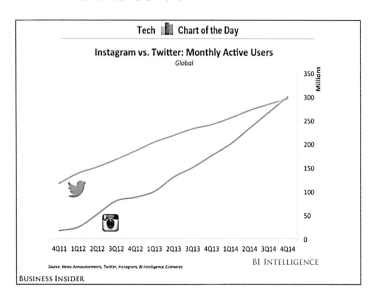

2012년 페이스북이 10억 달러에 인수한 Instagram이 2억 8천여 명의 사용자를 가진 Twitter를 제치고 이용자 수가 3억 명을 돌파했다는 기사가 여러 국내 외 언론을 통해 공개되었다. Tumblr나 Pinterest와 같은 이미지형 소셜 네트워크의 강세는 계속 예견됐던 트렌드이다. 특히나 인스타그램의 경우, 앞서 언급하다시피 사용자 수가 점점 더 증가하는 추세를 보여주고 있다. 트위터의 '140' 자를 넘어, 인스타그램에 올리는 한 장의 사진을 사람들은 더욱 즐기고 있다. 이러한 트렌드는 해외에서뿐만 아니라 우리나라에서도 눈에 띄게 변화하고 있다. 연예인뿐 아니라 일반인들도 자신들의 일상을 사진으로 공유하고, #해시태그를 #이용해 #이런 식으로 #짧게 #심경을 #표현하기도 한다.

패션 APP이란?

1.
패션 앱의 정의와 역사

1) 패션 앱이란?

패션 앱은 모바일 앱 종류 중 하나로 패션과 관련된 앱이다. 패션 앱은 스마트 상에서 패션 기업과 소비자를 연결하는 커뮤니케이션 매체이며, 브랜드를 다양한 취향의 소비자들과 만나게 하는 매개 역할을 한다. 모바일 앱이 급성장하면서 브랜드 업체들은 자신들의 브랜드를 홍보시키기 위해 모바일 패션 앱을 활용하기 시작했다. 패션 브랜드 모바일 앱에 자신들의 브랜드 컬렉션, 세일, 패션에 대한 최신 정보를 제공한다.

2.
패션 앱의 유형 👆

    패션 앱의 유형은 크게 정보제공형과 엔터테인먼트형, 커뮤니티형으로 나눌 수 있다.

유형	특성	대표적 패션앱
정보제공형	위치 기반서비스이미지와 가격, 사이즈, 색상 정보, 위치기반서비스를 이용한 매장정보, 패션쇼 사진 및 동영상, 패션관련 뉴스, 잡지 앱의 화보, 스타일링을 제공	스타일닷컴(style.com) 에이치엔엠(H&M) 빈폴(Bean pole)
엔터테인먼트형	기업 자사의 패션 앱으로 이미지 제고효과 극대화 시킬 수 있음.	나이키(Nike)의 트레이닝클럽(Training Club), 아르마니 익스체인지 A|X CLUBBING, 바나나 리퍼블릭(Banana Republic) 유니클로(Uniqlo), 코치(coach)
커뮤니티형	소셜네트워크	커스텀멜로우(Customellow) 고 트라이 잇 온(Go try it on) 패션프릭스(Fashion freax)

1) 정보제공형

패션 앱은 기본적으로 상품 이미지와 가격, 사이즈, 색상 정보 등을 제공하며, 위치기반 서비스를 이용해 매장 정보와 패션쇼 사진 및 동영상, 패션 관련 뉴스, 잡지 앱의 화보, 스타일링을 제공하는 패션 앱이 정보 제공형에 포함된다. 예를 들어 스타일 닷컴 앱은 매 시즌 컬렉션 사진과 동영상을 제공하며 SPA 브랜드인 에이치앤엠은 앱을 통해 상품 이미지와 가격, 색상을 볼 수 있다.

H&M

2) 엔터테인먼트형

사용자에게 있어 앱의 설치가 간단하고 쉽지만, 자사의 패션 앱이 사용자에게 유용하거나 흥미롭지 않으면 기억에서 삭제되기 쉽다는 단점이 있다. 따라서 소비자의 지속적인 사용을 유도하기 위해서는 제품 관련 정보뿐만 아니라 흥미를 유발할 수 있는 다양한 콘텐츠를 제공해야 한다. 단, 차별화된 콘텐츠는 기업이나 브랜드와 관련성이 있어야만 앱을 이용하는 브랜드 이미지 제고 효과가 극대화될 수 있다.

예를 들어 나이키의 트레이닝 클럽 앱은 사용자가 운동을 따라 할 수 있도록 동영상과 음악을 제공하며, 운동시간을 점검할

NIKE TRAINING CLUB

수 있는 기능이 포함되어 있다. 아르마니 익스체인지의 클럽문화에 초점을 둔 마케팅은 앱을 통해서도 확인할 수 있는데, 'A/X CLUBBING' 콘텐츠는 해당 지역별 클럽을 소개하며 영업시간, 공연정보, 음악, 이벤트, 스타일링 팁을 제공하고 있다.

3) 커뮤니티형

모바일이 언제 어디서나 무선인터넷에 접속할 수 있는 특성을 이용하여 패션 앱 내에서 소비자들의 능동적 참여로 다양한 정보를 공유할 수 있도록 하고 브랜드 앱에서는 기업과 소비자 또는 디자이너와 소비자가 직접 소통할 기회를 제공하고 있다. 예

customellow

를 들어 커스텀멜로우의 앱은 SNS와 연계하여 이벤트를 제공하는 등 앱을 커뮤니티 기능으로 활용하고 있다. 또한, 패션상품 정보와 코디네이션 공유를 목적으로 하는 일반 앱도 사용되고 있다.

3.
패션 앱의 종류

스마트폰 사용자가 늘어나면서 많은 소비자가 컴퓨터가 아닌 모바일에서 쇼핑하는 추세가 늘어나고 있다. 스마트폰 APP 마케팅이 패션업계에서 붐을 일으키고 있다. 인터넷 시설 인프라 및 속도가 빠르게 업그레이드되면서 모바일 앱은 시간과 장소에 제한받지 않고 실시간 구매를 할 수 있는 장점이 있다.

1) 소셜네트워크 패션 앱

(1) 옥션

옥션은 국내 최초의 인터넷 경매사이트로 시작했으며 현재는 경매는 물론 즉시 구매, 고정가 판매 등 다양한 방식으로 물품을 구매 또는 판매할 수 있는 국내 대표적인 온라인 시장이다.

하루 130만 명 이상의 방문과 20만 건 이상의 경매가 진행되고
있다.

(2) 티켓몬스터

TMON 티켓몬스터는 트위터, 페이스북과 같은 소셜
네트워크 서비스를 이용하는 전자상거래 업
체로 정해진 수 이상이 구매할 경우 할인된 가격에 판매가 확정
되는 이른바 소셜커머스 업체이다. 2010년 설립되어 2011년 상
반기 매출이 1,000억 원을 돌파하는 등 2011년 기준 국내 소셜
커머스 시장 1위 업체다.

(3) 롯데닷컴

 롯데닷컴은 대한민국의 인터넷 전자상거래 업체이
다. 롯데닷컴은 롯데의 유통망과 전자상거래 노하
우를 결합하여 차별화된 인터넷 쇼핑 서비스를 제
공하는 종합 e-비즈니스 회사를 추구하고 있으며, 온-오프라인 연
계 채널을 통해 편리한 쇼핑을 사이버 세계에서 그대로 재현하
는 것을 목표로 하고 있다. 하루 80만 명이 방문하는 롯데닷컴
은 UNIQLO, MUJI, NIKE와 같은 세계적 상표의 온라인 스토어

를 운영해 주는 'LECS(Lotte EC Customizing Service)'로 기업고객을 공략하는 데 이어, 온라인에서 주문하고 매장에서 찾아가는 신개념 픽업 서비스 '스마트 픽(Smart pick)'을 도입했다.

(4) 지마켓

지마켓은 대한민국의 온라인 쇼핑몰 사이트이다. 1999년 인터파크의 자회사로 설립되었고 2006년 지마켓 글로벌이 출시되어 대한민국뿐만 아니라 전 세계에서 편리하게 사용할 수 있다. 간편 결제 시스템이 도입되어 더욱더 많은 소비자가 손쉽게 거래할 수 있다.

(5) 모구지에

모구지에는 홈쇼핑+인터넷 쇼핑+SNS+MCN을 갖추고 있는 핀터레스트 방식의 타오바오케 전자상거래이다. 인터넷 방송하면서 옷을 판매하고, 왕홍의 페이지가 따로 있다. 현재 중국 여성 전자상거래 1위를 차지하고 있으며, 2위 메이리슈어와

합병하면서 확장했다. 이미지 큐레이션을 활용하여 국가별 스타일, 옷 재질 등으로 상품군을 나눌 수 있으며 많은 브랜드를 대행해 주고 있다.

(6) 티몰

티몰은 타오바오와 같은 알리바바 그룹에서 만든 쇼핑몰로 타오바오는 C2C로 소비자 간 거래이며, 티몰은 B2C 기업과 소비자 간의 거래를 한다. 티몰은 플래그 샵, 브랜드 플로그 샵, 전문경영 매장 등 다양한 형식으로 입정하고 있으며 타오바오보다 상품 질이 비교적 좋다. 오프라인 매장도 갖춰져 있어 A/S도 보장해 준다.

(7) 쿠차 - 싸다구

니이에 상관없이 지주 쓰는 앱 중 히나인 쿠차
소셜커머스, 홈쇼핑, 오픈 상점, 종합 몰 등 대한 민국 모든 핫딜 쇼핑 상품을 모아서 한 번에 검색하며 국내 최대 핫딜 정보를 보유한 700만 명의 회원이 쓰는 필수 앱이다.

장점은 원하는 제품을 한곳에서 비교 구매할 수 있다는 것이다.

보기에도 쉽고, 클릭하면 원하는 사이트로 바로 이동되기 때문에 간편하게 쇼핑을 할 수 있는 앱이라고 할 수 있다. 같은 제품이더라도 가격이 다르기에 많은 젊은이가 이 앱을 통해 가격을 비교해 본다.

쿠차 홈쇼핑 모음 - 쿠차에서 만든 티브이 쇼핑을 더 싸게!

쿠차 홈쇼핑 모음은 국내 모든 홈쇼핑 생방송 상품을 보고 구매할 수 있는 홈쇼핑 모음 서비스이다.

실시간 방송으로 홈쇼핑을 시청하고, 편성표와 생방송 알림, 바로 구매 상품을 비교하여 핫딜로 구매할 수 있다. 이십 대 중, 후반의 사용도가 높으며 십 대는 이 앱을 잘 사용하지 않는다.

(8) 쿠팡

 핸드폰 쇼핑 앱을 사용하는 사람들 중 1위로 꼽히는 쿠팡이다. 20.1%로 많은 사람이 쓰는 쇼핑 앱인 쿠팡은 공격적인 마케팅과 높은 서비스 품질로 기존 오픈 마켓 회사들을 제치고 고객들에게 좋은 평가를 받고 있다. 또한, 쿠팡은 빠른 로켓 배송이라는 이미지로 사람들에게 선호도가 높다. 여러 가지 이벤트를 진행하는 시기에는 많은 사람이 앱을 통해 패션 잡화를 구매하는 것으로 판단된다.

2) 쇼핑몰 비교 앱

(1) 코디북

 실용적 패션 코디네이터 앱으로 매일 무얼 입을까 고민하는 사람에게 해결책을 제시한다. 매일 업데이트되는 다양한 패션 의상과 소품으로 멋진 패션 연출을 해 볼 수 있고, 쇼핑몰 사진을 조화롭게 결합하면서 패션 감각을 키워갈 수 있다. 다양한 개념의 쇼핑몰이 입점되어 있어 신상으로 새로운 코디를 연출할 수 있고, 패션 아이템의 구매도 가능하다. 마음에 드는 코디는 사진첩에 저장하거나 페이스북, 트위터, 카카오스토리 등으로 공유할 수 있다.

구매하기   공유   코디   혜택

(2) WEAR

패션 코디네이터 검색 앱으로 인기샵 스탭, 일반 유저, 모델, 블로거, 디자이너 등 패션과 관련된 패셔니스타들이 등록한 약 70만 건 이상의 코디네이터 콘텐츠나 아이템 등을 키워드를 통해 간편하게 검색할 수 있는 패션 앱이다. 코디네이트 레시피 기능, 마이크로젯 기능 등을 이용할 수 있다. 코디네이트 레시피는 등록자의 키, 성별 등 다양한 검색 조건으로 좋아하는 코디네이트를 찾아볼 수 있다. 또 커스텀멜로우, 시리즈, 에잇세컨즈, 스타일 난다 등 온라인 쇼핑몰의 상품 정보를 연동해 코디네이터에 사용된 아이템의 상세 정보 확인과 구매가 가능하다. 한국과 일본, 대만 등에서 등록되는 코디네이터도 열람, 검색할 수 있다.

개인도 업로드할 수 있다.

쇼핑몰 소속하의 코디일 경우 쇼핑몰 명을 제시한다.

유명 브랜드일 경우, 브랜드별 검색도 가능하다.

인스타그램과 같이 해시태그를 사용하여
검색어를 연관시키며 코디(부분적)에
상품 정보가 들어가 있다.

바로 구매로 연결 가능한
상품들도 있다.

(3) MAPSSI

 맵시는 남성 타깃화된 패션 앱으로 마음에 드는
스타일을 선택하면 디자이너/에디터가 만들어 놓
은 코디 콘텐츠들이 나온다. 마음에 드는 옷을
구매할 수도 있고, 마음에 드는 상품을 담아 연출을 해 추천할
수도 있다. 남성들이 어떻게 해야 옷을 잘 입을 수 있는지에 대

해 많이 궁금해하는데 코디가 잘 되어 있어 반응이 좋다. 내가 직접 코디해서 비슷한 성향의 사람에게 추천할 수도 있으며 질문 게시판을 통해 패션과 관련된 질문을 하면 디자이너/에디터가 직접 답변을 해준다.

(4) 브랜디

 브랜디는 한 번에 앱으로 패션 블로그 상점의 상품들을 볼 수 있다. 기존 블로그 상점 판매자들의 홍보, 결제에 대한 문제들이 '브랜디'를 통하여 한 번에 해결되었다.

(5) 패션 맵

 우리나라는 물론, 세계의 모든 패션 스타일을 한눈에 볼 수 있는 패션 앱으로, 현재 유행하는 패션 정보를 찾고, 쇼핑 경험, 정보를 공유할 수 있다. 일반 사용자는 자신이 올리고 싶은 사진에 위치 태그를 걸어 올릴 수 있고, 오프라인 매장 위치나 상품 정보를 제공해 온라인으로도 구매할 수 있다. 또 사용자가 직접 쇼핑 코스를 추천할 수 있으며 날씨별, 상황별 코디 기능을 이용할 수 있다.

(6) CELEB'S PICK

 셀럭스 픽(Celeb's pick)은 연예인 패션 & 스타일을 한 번에 알 수 있게 해주는 앱이다. 유명 셀럽들 이 입고 나온 옷, 협찬받은 옷, 패션 소품들을 잘 정리하여 보여준다. 또한, 연예인들이 입고 나온 옷이 궁금하면 직접 앱을 통해 물어볼 수 있다. 그래서 브랜드명과 가격 등을 알 수 있게 해준다. 또한, 'Celpic kzine'이라는 메뉴를 통해 패션 관련 기사들도 제공하고 있다.

(7) 스타일 쉐어

'글로벌 패피들과 스타일 공유 스타일 쉐어' 대학생들이 만든 벤처기업 스타일 쉐어  는 최근 가장 핫한 패션 앱으로 꼽힌다. 인터넷에서 흔히 보던 이미지들로 꽉 찬 앱에 물림을 느낀 사람들이 직접 자신의 옷차림 을 올리고, 스스로 패션 콘텐츠를 만들어  공유하는 이 SNS 앱에 열광하고 있다. 지난 뉴욕 패션위크와 서울 패션위크를 앱으로 생중계함으로써 인기가 더욱 치솟는 중이다. 120여 개국 35만 명이 사용하며, 현재는 전 세계 패피와 친구처럼 패션 정보를 공유할 수 있는 글로벌 어플로 통한다. 인지도는 높으나 쇼핑몰 홍보가 많아져 보기 불편하다는 의견이 있다.

(8) SHOWPICK

쇼픽은 에어스케치 패션 전문가 그룹이 엄선한 전문가 큐레이션과 사용자의 활발한 커뮤니티에 의한 소셜 네트워크 방식이 결합해서 상황과 취향에 맞는 스타일 정보를 추천하는 신개념 소셜 큐레이션 플랫폼이다. 쇼픽은 스타일리스드와 패피들로 구성된 '피터'라는 큐레이션 전문가 그룹이 1차로 스타일을 큐레이션하고 패션 및 미용에 관심이 많은 사용자들이 자기들만의 컬렉션을 만들고 태그를 달아 공유하는 모든 활동을 분석하는 트러스트 빌더 시스템을 통해 취향에 맞는 스타일을 추천받을 수 있는 서비스이다. 쇼픽은 트러스트 빌더 시스템이라는 신뢰도가 높은 사람들의 큐레이션을 통해서 추천해 주기 때문에 기존 서비스보다도 사용자의 만족도가 높다. 현재 쇼픽에는 국내 패션 아이템 최내 수준인 3만5천 개가 등록되어 있다.

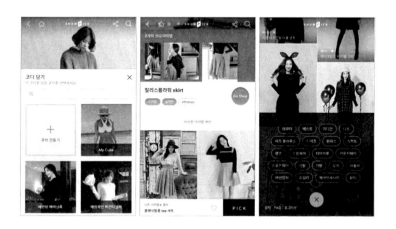

(9) FITUIN

옷 구매 전 합성해 주는 앱(인터파크 개발)이다. 모델 만들기를 클릭하여 전신사진이 담긴 이미지를 클릭하면 앱이 스캔한 뒤 내 몸의 각 부분을 잡아 냄으로써 자동으로 고객의 신체가 모델로 등록되며 그것에 맞게 옷을 입혀 볼 수가 있다. 하지만 착용시켜 볼 수 있는 옷이 가짓수가 적고 대부분 해외 브랜드로 제한적이라는 의견이다.

(10) THE STREET

패션 및 스타일 관련 포스팅들이 주를 이루며 포스팅 정리가 깔끔하여 가독성이 뛰어나다. 또한, 포스팅 내용의 질이 높은 편이며, 주제는 컬렉션 소개 및 신진 브랜드 소개, 자유 주제 등으로 다양하다.

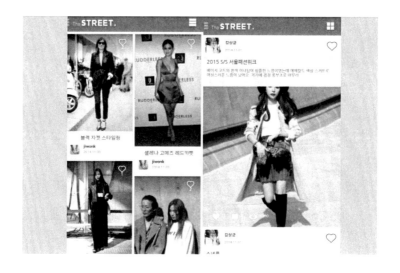

(11) MEMESTAR

코스메틱을 판매하는 미미박스 세컨드 브랜드(모바일 전용)이다.

원하는 스타일을 해시태그로 검색 가능(ex, #하객룩 #바캉스룩)하
고 컬러별 스타일 검색도 가능하며 미미박스 CEO의 데일리 스
타일도 포스팅한다. 모든 쇼핑몰의 옷을 한 곳에 집약하여 보어
주는 앱이다.

(12) P1.COM

 중국 외출복을 보여주는 앱이다. 패션 사진이 기
본이며, 주로 베이징과 상하이의 외출복, 패션 위
크를 비롯하여 각종 페스티벌의 패션들이 업로드
된다. 전체적인 프레임은 인스타그램과 같다. 스트릿 스냅 외에
도 개인이 키워드를 달아 사진 업로드가 가능하며 사진 보정도
가능(인스타그램과 동일)하다.

(13) VOGUEMATE

 패션 및 다양한 사진들을 나열하여 제공하는 앱으로 스타일이 맞는 사진을 찾아 들어가면 사진 속의 상품 정보를 걸어둔 링크를 통하여 상품 정보를 얻을 수 있다. 주로 쇼핑몰 홍보를 위해 쓰인다. 또한, 웨이보와 연동되어 있어 사람들의 접근이 쉽다.

(14) 서프라이즈

 패션, 미용, 맛집 등 세 가지 분야의 브랜드 세일 정보가 모두 나와 있는 앱으로 원하는 브랜드 선택이 가능하다.

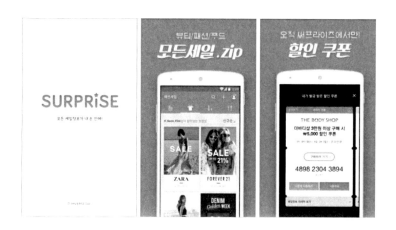

　좋아하는 브랜드의 세일과 구매가 겹치지 않아 후회하는 사람들이 많은 만큼 이 앱이 유용하다 할 수 있다.

　생각보다 많은 브랜드에서 세일 및 행사를 진행하고 있으며, 음식, 미용 등 다양한 방면을 보려고 검색했다가 패션 쪽에 눈길을 돌리기도 하여 주변 사람들이 많이 이용하고 있다고 한다.

(15) 롯데 원티비

　롯데 홈쇼핑에서 새롭게 론칭한 데이터 홈쇼핑 채널이다. 롯데 원 티브이(LOTTE One TV)는 특히나 요즘 홈쇼핑에서만 만날 수 있는 기획세트가 가격 대비 훌륭하여 사람들이 많이 찾곤 하는데, 이는 티브이나 핸드폰 앱을 통해 홈쇼핑의 라이브 방송과는 다르게 방송 시간에 상관없이 원하는 상품을 선택하여 시청하고 구매할 수 있는 쇼핑이 바로 데이터 홈쇼핑, 롯데 원 티브이라고 한다.

카테고리 항목을 이용하여 내가 관심 있는 분야의 상품을 바로 확인할 수 있고 '담아놓기' 기능을 이용하여 나만의 관심 상품 리스트도 있다.

또한, 방송에서 놓쳤거나 지인이 구매해서 좋았던 상품이 있다면 바로 검색창을 이용하여 검색해서 방송을 다시 확인하고 제품도 구매할 수 있는 롯데 원 티브이 전용 앱이 있다. 주문은 더 간편해지고 언제 어디서든 홈쇼핑을 즐길 수 있다는 점이 참 매력적이다.

(16) K 쇼핑

 K 쇼핑은 대한민국 대표 디지털 홈쇼핑의 'KOREA', kt 그룹 커머스의 중심 'kt', 고객 최우선의 친절한 쇼핑을 뜻하는 'kind', 고객을 잘 아는 똑똑한 쇼핑을 뜻하는 'knowledge'를 상징하는 'K'를 모두 모아 지금까지의 TV 홈쇼핑과는 전혀 다른 새로운 미래지향적 쇼핑 문화를 제시한다.

K 쇼핑은 일반 홈쇼핑처럼 단 하나의 상품만을 소개받고 살 수 있는 것이 아니며, 채널 연동형 T커머스를 통해 500여 가지의 상품을 바로 찾아보고 구매할 수 있다.

T커머스 채널을 틀면, 쇼호스트가 설명하고 있는 쇼핑 방송은 물론 인터넷 배너처럼 'TV-App'이 생성되어 있고, 리모컨으로 '바로 주문' 버튼을 눌러 TV 결제를 통해 손쉽게 결제까지 가능하여 편리성을 자랑한다. 상담원 전화를 하지 않아도, 휴대폰을 꺼내지 않아도, 리모컨과 TV만으로 원스톱 쇼핑이 가능하다.

출, 퇴근, 통학하는 자투리 시간에 쇼핑하고 싶다면, K 쇼핑 모바일 앱을 이용하면 된다. 앱을 통해 다양한 상품 정보를 보는 한편, 현재 방송되고 있는 상품 VOD를 동시에 시청할 수 있다.

(17) 모다 봄

 내가 추가한 쇼핑몰의 옷들만 뉴스피드 형식으로 받아볼 수 있다. 한 공산에서 여러 가지 쇼핑몰 옷을 한꺼번에 볼 수 있는 앱이다.

옷이 업로드될 때마다 신상 소
식이라는 알림이 뜨는 앱이고
인스타그램 뉴스피드처럼 내가
추가한 쇼핑몰들의 옷 사진이
이어져서 나온다. 쇼핑몰 계의
인스타그램이라고 할 수 있으
며, 내 취향 쇼핑몰들의 옷을

내려다보기 쉬워서 편리하다. 장점으로는 일일이 쇼핑몰 사이트
에 접속하지 않고 한데 모아 좋아하는 쇼핑몰 옷들을 보고 바로
구매가 가능하다는 점이다.

(18) 마이 사이드

 일대일 맞춤형 쇼핑 앱 '마이 사이드'는 사용자의
빅데이터 수집과 분석 기술을 활용해 사용자 맞
춤형 쇼핑 정보를 제공하는 애플리케이션이다.
이러한 시스템을 기반으로 국내외 쇼핑 트렌드를 실시간으로 분
석해서 전문 큐레이터가 직접 선별한 약 500가지 아이템을 매일
아침 선보인다.

또한, 전문 큐레이터가 선별한 제품을 재미있는 테마로 구성해
다양한 상품 정보를 한데 모아 제공하는 'EXPLORE' 기획전을

진행하며 좋은 반응을 얻고 있다. 트렌드 파악이 쉽고 사용자가 다양한 아이템을 찾을 필요가 없어 쇼핑이 더욱 쉽고 편리해졌다는 평이다.

일대일 맞춤형 쇼핑 앱 마이 사이드 관계자는 "개인 맞춤형 추천 기능은 마이 사이드의 가장 큰 강점이며 해당 기능 강화를 위해 다양한 데이터 수집과 분석을 진행하고 있다"며 "또한, 2.0 버전 출시와 함께 제공된 단순한 화면 구성과 사용법으로 좋은 반응을 얻고 있다"고 전했다.

(19) 빨대

 하나의 계정으로 쇼핑몰을 이용할 수 있는 쇼핑 관리 앱 빨대는 오픈 마켓, 소셜커머스, 대형 쇼핑몰 등과 연동되어 사용자의 구매 기록부터 장바구니, 배송, 포인트 정보까지 한 번에 확인할 수 있다.

또한, 장바구니에 넣어둔 아이템의 실시간 최저가를 알려주기 때문에 사용자가 직접 정보를 검색하는 시간을 절약할 수 있다. 사용자가 구매한 제품은 '거래가 끝난 상품'으로 분류되는데 알아보기 쉽고 단순한 이미지로 표시해 눈의 피로감을 덜어준다.

(20) 룩스라이크

 룩스라이크는 트위터와 페이스북 계정으로 바로 로그인할 수 있어 연동이 편하다. 앱이 구동되면 뉴스피드처럼 이미지형 또는 목록형으로 업로드 이미지를 감상할 수 있다. 해외 스트릿 이미지나 상품 이미지, 자신의 코디 컷 등 패션에 관련된 그 어떤 이미지도 가능하다. 맘에 드는 이미지를 하나 터치하면 '좋아요'를 누르고 댓글을 남길 수 있는데 이를 통해 룩스라는 포인트가 쌓이고 룩스라이크에선 이 룩스가 쏠쏠한 기능을 한다. 포인트 가게에서 이 포인트를 사용할 수 있는데, 제품 등을 포인트로 입찰할 수 있다.

(21) 한섬앱

 한섬이 운영하는 패션 브랜드를 온라인에 이어 스마트폰 앱에서 구매할 수 있게 되었다. 현대 백화점 그룹 패션 전문 기업 한섬은 모바일 애플리케이션인 한섬 앱(HANDSOME App)을 론칭했
다. 온라인몰 '더한섬 닷컴'이 모바일로 구현
됨에 따라 한섬의 온라인 패션사업이 한층 더
속도를 낼 예정이다.

한섬앱은 타임, 마인, 시스템, SJ 등 국내 브
랜드 8개와 끌로에, MM6, 이치아더 등 해외
브랜드 7개, 총 15개 브랜드의 상품을 선보인다. 또한, 아웃렛 상
품도 모바일로 구매가 가능한 것이 특징이다. 생긴 지 얼마 되지
않은 앱이지만 사람들의 이목을 끌고 있고, 젊은 층보다는 30,
40대 여성들의 앱 사용률이 높을 것으로 보인다.

(22) 디코드

과거 일부 소비자들의 전유물이었던 해외 직구
가 어느덧 하나의 트렌드로 자리 잡고 있다. 국내
보다 저렴하게 상품을 구매할 수 있고 국내에 들
어오지 않는 해외상품을 접할 수 있다는 이점 때문에 사람들이
해외 직구를 이용하고 있다. 그러나 언어, 환불, 교환 등의 어려
움으로 해외 직구 이용을 망설이는 사람들을 위해 만들어진 패
션 앱이 바로 디코드다. 디코드는 유명 명품 패션 쇼핑과 브랜드
정보를 손쉽게 얻을 수 있는 앱이다. 다른 쇼핑 기반 소셜 네트

워크 플랫폼 앱과는 달리 명품에 타깃팅한 소비자의 열망을 읽고 명품 패션 쇼핑과 정보를 공유할 수 있는 공간을 만들어 특화했다.

명품 쇼핑 외에도 SNS처럼 사용자들끼리 명품 쇼핑에 대한 정보를 나누고 소통할 수 있다. 또한, 최신 정보를 빠르게 접할 수 있다는 것도 강점이다.

(23) 지그재그

여대생들의 필수 앱으로 불리는 지그재그는 전체적인 쇼핑몰의 순위를 한눈에 볼 수 있으며 다양한 소식이나 이벤트, 쿠폰까지도 챙길 수 있도록 알림이 울린다.

관심이 가거나 자주 들어가게 되는 쇼핑몰을 클릭하면 별표를 누를 수 있는 즐겨찾기 식의 버튼이 있는데, 이를 클릭하면 내가 좋아하는 쇼핑몰을 한눈에 확인할 수 있다.
상품 페이지에 들어가서 하트모양을 터치하면 내 상품 목록들도 한눈에 볼 수 있다.

그 외에 여대생들이 좋아하는 쇼핑몰 중 몇 개를 꼽아보자면 데일리먼데이, 다바걸, 모코블링, 핫핑, 체리코코, 리본타이 등이 있다. 연령별, 스타일별로 카테고리 설정이 가능하여 몰랐던 쇼핑몰들까지 손쉽게 찾을 수 있다.

(24) 네이버 블로그 쇼핑몰

 네이버 블로그를 통해 쇼핑하는 사람들이 있다. 운영자가 옷이나 제품들을 실시간으로 올리면 이웃들이 매번 확인하여 옷을 구매하고 싶은 경우 댓글을 달아 구매하는 방식이다. 블로그 쇼핑몰의 장점으로는 조금 더 저렴한 가격에 제품을 구매할 수 있으며, 인터넷 쇼핑몰과는 달리 핸드폰 앱으로 좀 더 편하게 제품들을 볼 수 있다. 또한, 소통할 수 있어 운영자와 구매자 간의 커뮤니케이션이 빠르다.

(25) 인스타그램 쇼핑몰

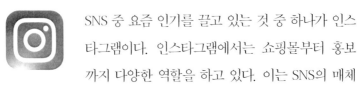 SNS 중 요즘 인기를 끌고 있는 것 중 하나가 인스타그램이다. 인스타그램에서는 쇼핑몰부터 홍보까지 다양한 역할을 하고 있다. 이는 SNS의 매체 특성상, 일반 인터넷 쇼핑몰보다는 친근하고, 바로바로 소통으로 이어진다는 장점이 있다.

또한, 구매자가 만족 시 판매업체 측의 입소문이 좀 더 빠르고 광범위하게 퍼질 수 있고 신상품 소식이 간편한 과정을 통해 전해진다는 특징이 있다. 요즘엔 유명한 쇼핑몰에서도 인스타그램 계정이 하나씩 있고, 이를 통해 소식을 전함으로써 사람들을 빠르게 끌고 있다. 구매 방법은 인스타그램을 통해 쇼핑몰 사이트로 이어지고 그 안에서 구매할 수 있다.

3) 브랜드앱

(1) 유니클로

 유니클로 앱은 유니클로 브랜드 앱으로 신상품이나 할인상품, 매장 위치를 알려주는 기능을 베이스로 한 앱이다. 유니클로 앱에는 종류가 여러 개 있으며, 그중에서 WALE UP이란 앱은 알람 기능이 있으며 날씨에 맞춰서 알람 음악이 바뀐다. 또 수면 스타일도 점검할 수 있다. 그 외에 레시피 공유, 날씨 등 엔터테인먼트 기능을 갖추고 있다.

(2) 이니스프리

 이니스프리 앱은 화장품 브랜드 앱으로 원클릭 검색, 간편 결제, 세일, 멤버십 바코드 등의 기능이 있다. 100이라는 페이지는 기존 쇼핑몰처럼 딱딱한 글과 이미지가 아닌 영상으로 직접 제품을 홍보한다. 또 '매거진이니'라는 잡지 형식의 페이지는 캠페인, 기획 과정 등 흥미로운 콘텐츠가 들어있어 소비자들의 클릭을 유도한다.

(3) ABC마트

ABC마트는 여러 개의 신발 브랜드를 모아 파는 신발 브랜드 앱으로 한 번에 다양한 신발들을 보고 살 수 있다. 또 멤버십에 가입하면 매일매일 할인 혜택이 있으며, 쿠폰할인, 스탬프 등 많은 혜택이 있다.

(4) 스타일 난다

스타일 난다 앱은 온라인 쇼핑몰로 시작해서 한 브랜드로 자리 잡은 브랜드의 앱으로 의류뿐만 아니라 화장품 브랜드로 사랑받고 있다. 상품 보는 것뿐만 아니라 구매도 가능하며, 이벤트나 리뷰를 통해 적립금이나 다양한 혜택을 받을 수 있다.

4) 브랜드 셀렉샵 & 스토리

온라인 쇼핑을 주로 사용하는 10대에서 30대 소비자들은 어떤 옷을 사기 위해 쇼핑을 하는 게 아니라 스토리와 테마에 알맞게 업데이트되는 신상 옷을 구경하고 구매를 결정한다. 필요에 의한 쇼핑이 아니라 감성에 의한 쇼핑이 더 강해지고 있다.

(1) W CONCEPT

PLAY 스토어 내 평점: 3.8/5(168명), 다운로드 수: 5만 명

 국내외 유명 디자이너 제품과 신진 디자이너의 컬렉션을 다루는 디자이너 셀렉샵/쇼핑몰이다. 다양한 패션 트렌드 정보/Life & Culture Atelier 콘셉트로 시즌마다 주목받는 디자이너와의 콜라보레이션도 있다. Recommendation 카테고리에서 나만의 맞춤 상품을 제공한다. 더블유 컨셉코리아(대표 : 황재익)의 '더블유 컨셉'은 2011년 위즈위드의 세컨드 온라인몰에서 출발해 현재 2,000여 개의 국내외 유명 디자이너를 보유하고 있는 대형 유통몰 중 하나로서 최근엔 아이에스 커머스(대표 : 김응수, 김응상)가 중국 대표 의류기업 'Zhejiang Semir Garment Co. Ltd.(이하 썬마)'와 손잡고 '더블유 컨셉 차이나 모바일 플랫폼'을 론칭하였다.

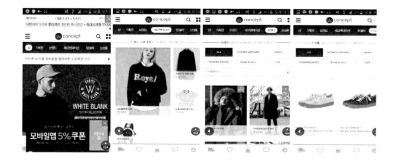

(2) 29CM

PLAY 스토어 내 평점: 4.5/5(1,620명), 다운로드 수: 10만 명

 쇼핑 앱에서 최초로 세계 3대 디자인 어워드 2관 왕에 등극했으며 2014 앱 어워드 그랑프리를 차지했다. 현재 모바일 결제가 매출의 50~60% 차지하고 주 타깃인 30대 이하의 고객은 모바일 결제가 훨씬 편하다고 느낀다.

상품이 곧 콘텐츠다. 패션 브랜드 뿐만 아니라 문화 콘텐츠까지 아우르며 소개하고 있다. 또한, 브랜드가 제공하는 사진이 아니라 29cm가 직접 재촬영한 이미지를 사용한다.

투핑거 공유(앱 어디서든 두 손가락을 화면 가운데로 모으고 쭉 벌리면 콘텐츠 공유)가 가능하다.

(3) MUSINSA

PLAY 스토어 내 평점: 4.5/5(103명), 다운로드 수: 1만 명

 1,800여 개의 브랜드를 판매하는 80만 회원을 보유한 패션 셀렉트샵으로 온라인 매거진, 스트리트 패션, 스탭 스냅 등의 콘텐츠를 포함하고 있다.

- 'RANKING SHOP': 매출, 판매 수량, 입고일 등 모든 부분을 고려하여 스타일별 상품 종류별로 랭킹을 제공하고 있다.
- 'COORDI SHOP' & 'CURATING SHOP': 현재 사이트 내에서 판매되고 있는 제품으로 코디를 제안하여 구매를 도우며 에디터가 상품을 추천하는 방식으로 전개되고 있다.

그랩(대표 조만호)의 '무신사'는 연 매출 1,100억 원을 거뜬하게 달성하는 도메스틱 브랜드의 최대 각축장으로 1,800여 개의 국내외 브랜드와 시즌에 알맞은 아이템 개발, 신진 브랜드의 인지도를 업그레이드시켜주는 스토리텔링으로 입점 문의가 월평균 50건이 넘는다.

5) 큐레이션 & INS

(1) FASHION CUBE
PLAY 스토어 내 평점: 4.5/5(150명), 다운로드 수: 1만 명

 온라인 퍼스널 쇼핑 앱으로 200여 개 이상의 온라인 쇼핑몰의 집합소이다.

시크, 러블리, 심플 등과 같은 사용자의 취향과 정보에 따라 알맞은 쇼핑몰을 제시해 주는 큐레이션 서비스(맞춤형 서비스)를 제공한다. 이에 해당 제공 쇼핑몰을 클릭할 시 그 온라인 쇼핑몰의 자체 앱으로 연결된다.

(2) 스타일앤팔

PLAY 스토어 내 평점: 4.5/5(255명), 다운로드 수: 10만 명

 패션 큐레이션 서비스와 SNS 쇼핑 서비스, 리워드 서비스 등의 다양한 장르가 통합된 애플리케이션 이다.

    자신의 취향과 사이즈를 등록하여 핸드폰(및 태블릿 PC)을 흔들 어 주면 자신의 취향에 해당하는 제품을 A 매칭부터 F 매칭까 지 등급별로 상품정보와 이미지가 제공된다.

(3) VINGLE

PLAY 스토어 내 평점: 4.5/5(255명), 다운로드 수: 10만 명

커뮤니티 플랫폼 서비스로 구글 플레이 뉴스/매거진 카테고리에서 1위를 차지하였다.

빙글 앱의 사용자 빙글러는 자신들의 관심사를 포스팅할 수 있고 Like, Clip, 댓글, 공유 기능으로 커뮤니티에서 교류하며 최신 트렌드를 공유한다.

약 3,000여 개의 항목 중 내 관심사를 선택하면 같은 관심사를 가진 사용자와 정보 교류가 가능하며 트렌디한 분야별 패션 정보와 다양한 분야의 정보도 다루고 있다. 또한, 남성 패션, 남성 스트리트 패션, 여성 스트리트 패션, 남자 신발, 여자 액세서리 등 여러 카테고리가 있다.

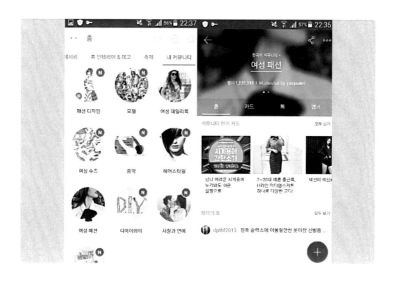

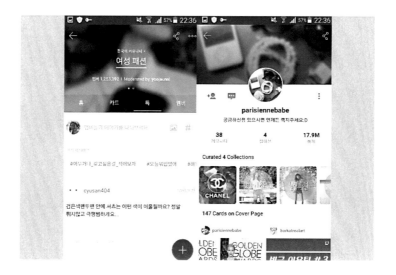

6) 기타

(1) 겟스타일
PLAY 스토어 내 평점 : 4.4/5(174명), 다운로드 수: 10만 명

 소셜커머스를 비롯해 여러 온라인 쇼핑몰을 모아 놓은 쇼핑 앱이다. 국내 최대 약 2,000여 개 소호 브랜드샵 정보가 기재되어 있고 여성 패션 뿐만 아니라 남성 패션, 신발, 가방, 주얼리, 화장품 등 카테고리가 다 양하다. 할인 정보 위주로 알려주는 앱이다.

4.
패션 앱의 마케팅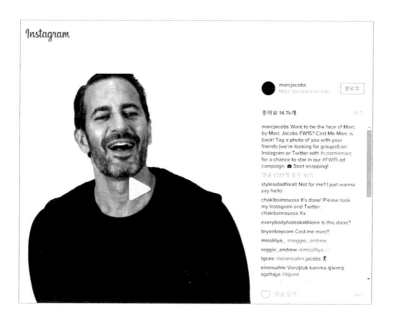

1) 패션 앱의 온라인 마케팅

(1) SNS를 활용한 마케팅

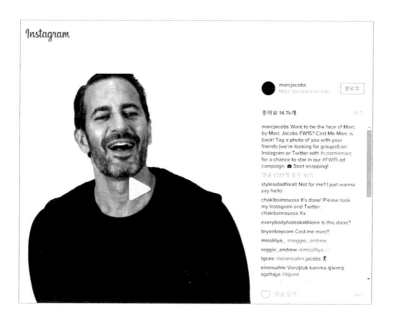

패션 브랜드 마크 제이콥스는 2015 S/S 컬렉션 광고 모델을 뽑기 위해 인스타그램과 트위터를 활용했다. 3일간 전 세계에서 10만 명이 넘는 사람들이 지원했다고 한다. 이들이 브랜드 이름도 같이 올리면서 3일간 최소 수십만 명에서 수백만 명에게 마크 제이콥스라는 브랜드를 알렸다.

(2) 인기 있는 패션 앱을 활용한 마케팅

패션 앱 홍보를 할 때 가장 좋은 방법의 하나는 인기 있는 모바일 앱에 광고하는 것이다. 모바일 앱 인스톨 광고라고 불리는 이것은 앱 마케팅에 있어서 가장 효과적인 방법의 하나가 되었다.

(3) 영상 마케팅

　스마트폰이 점차 커지고 성능이 좋아짐에 따라 스크린 사이
즈가 커지고 영상 퀄리티도 좋아져 모바일에서의 영상 광고 마
케팅 역시 점차 그 인기를 더해가고 있다. 영상 광고는 기존 텍
스트나 이미지 기반 광고보다 더욱 매력적인 광고이다. 브랜드
스토리를 보다 매력적이고 효과적으로 전달할 수 있다.

(4) 검색 엔진 마케팅

바이두(百度), 360, 쏘고(搜狗)
1위 검색 엔진 바이두 등과 같은 사이트에 검색 결과 최상단에 노
출 등 다양한 방식으로 노출할 수 있다.

(5) 디스플레이 AD

바이두(BDN, 보유 네트워크 50만 명), 구글(GDN, 보유 네트워크 5만 명) 사용자의 관심과 행동을 기반으로 한 정밀한 표적화로 유효한 잠재 고객 확보가 가능하며 브랜드 인지도 확산에 효과적이다.

(6) 인플루언서 마케팅

웨이보(微博, WEIBO), 위챗(微信, WECHAT) 동영상

　영향력이 있거나 유효 콘텐츠 생성이 가능한 인플루언서들을 통한 자연스러운 광고 노출은 브랜드 및 특정 제품 판매에 효과적이다.

마케팅 성공 사례

1.
알리바바(阿里巴巴, alibaba)

B2B의 대표적인 입점 몰로 주로 공장-도매업체, 도매업체-소매업체 간의 판매가 이루어진다. 현재 전 세계 190여 개국 이상의 해외 소비자들을 보유하고 있으며 한국 기업관도 등재되어 있다.

1) 점포 형태 및 방식

구분	알리바바	1688
사이트	www.alibaba.com	www.1688.com
의미	국제용	국내용
보증금	3000위안(옵션)	
연 기술비		29800
창고지원	보세(일부지역)+자체 창고	알리바바+자체 창고
반품	일부 7일내 무조건 반품	
기타	诚信通(마케팅 대행) 6688/년-기본, 추가로 网销宝 등과 같은 마케팅 방법 (추가비용)	마케팅 아이템-10000위안(최소)

2) 알리바바 온라인 마케팅 방법

(1) 포지셔닝 정하기

먼저 시장분석(트렌드 분석, 규모, 가격대, 경쟁사 분석)을 통하여 정확한 고객층, 고객 수요, 브랜드 특징을 파악하여 이를 토대로 한 가격 측정, 메인 페이지 디자인, SKU 확정과 활용, 5성급 상품 데이터 등의 발표를 진행한다.

(2) 쇼핑몰 현황 분석

분석해야 할 내용에는 상품 공급 능력, 품질 관리, 공장 요건, 제품 관련 문제점(제품 데이터의 정확도 & 전달 상황, 상세페이지 디자인의 시각 맞춤화 및 텍스트 맞춤화), 쇼핑몰 접속 페이지 뷰 유지, 회원 관리 및 신규 회원 확충, 고객센터-응대 및 대기 시간, 제품 데이터, 안정적인 가격대 등이 있다.

(3) 메인 페이지 디자인

중국 소비자층을 타깃으로 한 상품 특성을 최대한 반영한 디자인으로 특색 있는 메인 페이지를 제작한다.

메인 컬러부터 서브 컬러까지 브랜드 특성을 십분 반영하고 이에 알맞게 각 옵션 사항과 제품 분류를 강조하여 매치한다.

① 간판: 업종+logo+회사명+브랜드+스타일+키워드+핵심 가치+연락처+서비스(예 : 낱개 배송, 가맹 대리, 자체 디자인 등)

② 카테고리: 추가(예 : 타오 공장, 자체 생산 가맹대리 낱개 배송 등)

③ 메인 배너: 제품형, 가맹 모집형, 이벤트형, 서비스형

감각 있는 디자인 페이지는 고객층을 확보할 수 있고 제품의 포인트를 표현하며 할인 등 이벤트는 고객층의 구매 욕구를

자극시킨다. 또한, 브랜드 및 회사 규모, 품질 및 배송의 장점은 고객의 걱정을 해소할 수 있다. 이렇게 거래가 성사된다.

(4) 상세 페이지 디자인

알리바바도매	디자인이 찾고 있는 상품입니다!		제품 이미지, 상세 이미지, 데이터, 특징, 활용 공간 & 경로
	상담할 필요 있나?	**품질** - 평가, 품질 인증 유무, 공장시설, 기업 문화 등	안정적인 제품 베이스
		상품 공급 - 창고, 배송시스템, 배송 일자, 배송 평가	제품 공급 불능으로 인한 고객의 손실 방지 대책 & 배상 대책 마련
		상담 - 상담원, 사후관리, 상담 대기시간	고객층의 상담 & 고충 해결 능력
		정책 - 할인율 가맹조건, 이벤트, 낱장 배송	고객과 소비자층 간의 러브라인 제공

모든 페이지를 그물처럼 연결하여 계속하여 새로운 정보를 보여줌으로써 PV(page view)를 높이고 구매율을 향상시킨다.

이로써 일어날 디자인 효과에는 브랜드 이미지의 신뢰도 향상, 고객 체험, 편의성 증가, 웹 페이지 방문 수 및 체류 시간의 증가 등이 있다.

(5) 구매율에 영향을 주는 요소

① 왕푸 마케팅(메인 페이지, 상세 페이지 디자인)

② 신용도 & 사후 보장: 소비자의 구매 전 다섯 가지 행동
- 구매 기록 및 평가 확인
- 제품 만족도 확인
- 점포 만족도 확인
- 소비자 담보 확인
- 회사 정보 : 거래 신용 기록 확인

③ 실시간 고객 센터

실시간 상담원이 갖추어야 할 기본 덕목으로는 타자 속도(60타/분), 알리바바 인터넷 쇼핑 절차 및 '千牛(치엔 뉴)' 관리자 프로그램(실시간 상담 프로그램)에 능숙해야 하며, 소비자 구매 심리를 이해해야 하고, 인내심, 세심함, 업무처리 우선순위를 파악해야 하고, 비즈니스 용어 습득을 잘해야 하며, 업무형 상담 능력, 능동적인 상담 능력, 자발적 상담 능력, 고객 구매심리 파악 능력, 고객층 욕구로부터 구매 가치 창출 능력 등이 있어야 한다. 절대로 답변식 상담, 로봇식 상담, 일문일답형이어서는 안된다.

(6) 최적화 홍보

① 사이트 내부 최적화 방안

제품 이미지 최적화, 제품과 가장 잘 어울리는 이미지로 사이트를 장식해야 한다.

- 제목 최적화: 제목 글자 수 활용(30자 내에서 제품의 키워드, 특징, 이벤트 등을 기재하고, 속성, 지역, 브랜드, 용도, 품질, 이벤트 등 6가지 요소로 제목을 구성하며, 노출을 올리는 제목, 클릭을 부르는 제목, 구매율을 향상하는 제목 등으로 제품의 제목을 설정한다)

- 키워드 요소: 소비자가 선호하는 키워드로는 공장 직영, 배송비 포함, 특가, 세일, 적립 등 구매 특성을 표현하는 키워드가 있고 제품 특성을 반영하는 키워드로는 규격, 재질, 인증 상황 등이 있다.

- 제품 연관성 최적화: 제품 키워드 연관성-제품명 키워드 리스트를 작성하여 수정 & 재등록 시 참고할 수 있도록 한다.

- 정확한 종목 선택과 중요: 키워드는 상세 설명에 중복하여 설명한다. 등록 주기는 거래 매니저(生意参谋)를 통하여 노출이 적은 상품을 삭제 혹은 수정 후 재등록하고 구매 내역이 있는 상품은 수정하여 재등록한다.

② 기타 최적화 방안

- 마케팅 프로그램

· 롼원(软文, ruanwen): 5편 이상의 광고 기사 작성, 제품 특성 및 생산 등을 중점으로 한다.

· 휘핀(火拼, huopin): 가입 조건이 완벽할 시 지속적인 가입이 가능하다.

· 콰이딩(快订, kuaiding): 가입 조건은 4개 신상 동시 출시, 조건이 완벽할 시 지속적인 가입이 가능하다.

· 샤오얼(小二, xiaoer): 알리바바 샤오얼(알리바바 직원)과의 지속적인 상담, 프로모션 등 정보를 최우선으로 알고 지속적인 가입으로 방문 수, 거래량을 올리는 것이다.

 마케팅 앱

· 차이왠바오(采源宝, caiyuanbao): 알리바바에서 출시한 웨이상 대리인을 위한 앱 대리는 이 앱을 통하여 공급상이 업데이트한 상품의 움직임을 관찰할 수 있으며 신속히 위챗 모멘트나 웨이보에 전달(转发)하여 판매를 진행할 수 있다.

· 대리상이 주문을 받았을 시 이 앱을 통하여 주문, 결제, 물류 확인 등을 진행할 수 있다.

- 등록 방법

ⓐ 타오바오(淘宝, Taobao)/즈푸보(支付宝, Alipay) 아이디로 로그인 또는 새로운 아이디를 등록한 후 즈푸보와 연동하면 바로 사용이 가능하다(등록 절차: 전화번호 입력).

ⓑ 알리바바 사이트의 **微商进货** 카테고리에서 공급상의 QR코드를 스캔 혹은 공급상에 해당 QR코드의 제공을 요청하여 앱으로 코드를 스캔한다.

ⓒ 공급 관계가 성립된 후 앱의 '我的货源'(나의 상품 공급원)에서 상품을 볼 수 있다.

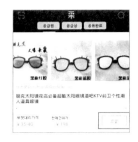

ⓓ 상품을 클릭하여 '공유(转发售卖)' 하면 바로 위챗 친구, 모멘트

또는 웨이보로 공유할 수 있다.

ⓔ 위챗 모멘트에 공유: 상품 설명을 복사히여 붙이기 후 발송
을 클릭한다.

ⓕ 주문: 앱에서 상응한 규격을 선택한 후 주문, 주소 등의 정보
를 입력 후 결제한다.

③ 외부 최적화 방안 : 키워드(百度) 홍보, 위챗(微信, wechat), 웨이보(微博, weibo), 블로그, 오프라인 등이 있다.

2.
징동(京东, JD) 👆

시장 점유율 21%로 중국 내 최대 규모의 B2C 직영 온라인 쇼핑몰로 온라인 업체 최초로 '211' 배송 시스템을 도입하여 신속한 물류 서비스로 많은 소비자의 관심을 받고 있다. '211' 배송 시스템이란 고객이 오전 11시 전에 주문하면 당일 배송, 밤 11시에 주문하면 다음 날 오후 3시까지 배송하는 시스템을 말한다.

1) 점포 형태 및 방식

항목	해외직구	징동 직영 운영	징동 오픈플랫폼(POP)
보증금	10,000위안		
연 기술비	12,000위안		
수수료	1.5%(2018년 3월 31일 이후 수수료 인상)		
계약주체	해외 법인 계약	중국 내수 법인	중국 내수 법인
거래형식	징동 사입,위탁 업체 직접 운영	징동 사입,위탁	브랜드 직접 운영
매출기대	낮음	대량	일반
SKU수량	대량	소량	대량
결제	T+1	45~60일	T+1
창고지원	보세+자체 창고	징동 창고	징동+자체 창고
반품	상품 품질에 문제가 있을 경우에 한해 반품 가능	소비자 반품, 체화 재고 반품	소비자 반품 가능

3.
티몰(天猫, Tmall)

중국 알리바바 그룹 산하의 플랫폼으로 시장 점유율은 50%로 B2C 채널의 절대 강자이며 다양한 점포 형태를 지니고 있으나 비교적 까다로운 입점 조건으로 상품의 질을 보장하고 있다.

1) 점포 형태

구분	치젠디엔(旗舰店)	콴마이디엔(专卖店)	콴잉디엔(专营店)
의미	브랜드별 유일점포	1개 브랜드 판매만 가능	여러브랜드 판매 가능
보증금	50,000위안(상표 등록 상태)		10,000위안(상표 등록 상태)
연기술비	유아/화장품 30,000위안, 패션 60,000위안, 일정 매출 도달시 반환		
수수료	2~5%		
기타	판매액이 18만 이상일시 연 기술비의 50%반환, 판매액이 60만 이상일시 연 기술비의 100%반환		

* 치젠디엔:브랜드 회사가 직접 운영하는 형태로 브랜드 하나에 점포 하나만 가능하다
* 콴마이디엔:브랜드로부터 수권을 받아 해당 브랜드 하나만 전문으로 판매하는 점포를 말한다
* 콴잉디엔:브랜드 판매 권한을 가지고 여러 브랜드로 판매하는 점포다

2) 사업방식

구분	티몰 국제	티몰 내수
사업형태	해외 직구 상품	중국 일반 무역
계약주체	해외법인(중국 제외한 해외 법인)	중국 내수 법인
보증금	5만,10만,15만 위엔	15만 또는 30만 위엔
기술이용료	3만 또는 6만 위엔	3만 또는 6만 위엔
수수료	0.5~5%	0.5~5%
물류	EMS배송/집하 배송/보세구 배송	중국 내 물류창,택배 배송
환불조건	소비자 7일 내 무조건 반품 가능	

4.
타오바오(淘宝, taobao)

중국 알리바바 그룹 산하의 C2C 플랫폼으로 시장 점유율 90%를 자랑하는 C2C 시장의 절대 강자로 근 5억 명의 사용자가 사용 중이며 여러 가지 전자상거래 비즈니스 모델의 집합소이다. 또한, 알리왕왕이라는 메신저를 통해 판매자와 실시간으로 채팅, 음성 및 영상 통화를 할 수 있고 대화 내용을 저장할 수 있어 분쟁 발생 시 증거로 활용할 수 있다.

1) 점포 형태 및 방식

구분	일반 가게 (一般店铺)	인기 가게 (旺铺)
의미	일반 타오바오 점포	판매가 잘 이루어지는 가게
보증금	1000위안 (옵션)	
연기술비	360위안	소비자 보장 점포-360위안 소비자 비 보장 점포-600위안
기타 (마케팅 아이템)	최소 월 50위안	월 98위안, 연 2400위안 두 세트 종류
매출기대	경쟁이 심함	
배송 방식	공급상이 직접 개별 발송 방식	
정산 방식	알리페이 연동,거래 성공 확인 후 24h내 입금	
반품 진행	소비자 7일 내 무조건 반품 가능	

5.
위핀회(唯品会, VIP) 👆

　'특가 판매' 전문 온라인 쇼핑몰로써 일정 기간에 정해진 수량을 판매하는 방식으로 진행된다. 카테고리 구분 없이 판매할 수 있지만, 미 판매분 및 소비자 반품으로 인한 모든 반품은 공급상이 떠안아야 하므로 리스크가 크다.

1) 점포 형태 및 방식

구분	唯品会 (国内)	唯品国际
의미	국내용	국제용
보증금		
연기술비		
수수료	25%이상	
매술기내	단기간에 높음	
판매 기간	단기 행사 기간(2~4주)	
판매 할인율	기본 50% 이하 판매 가격	
마진 요구율	Vip창고에서 배송할시:판매가 25~35% 공급상에서 직접 배송할시:판매가 15~20%	
배송 방식	Vip창고 입고후 개별 발송 방식 또는 공급상이 직접 개별 발송 방식	
정산 방식	60~70%는 판매 후 1주일 내 정산,나머지는 판매 완료 후 30일 후 정산	
반품 진행	미 판매분 및 소비자 반품은 무조건 반품	

6.
웨이디엔(微店, weidian)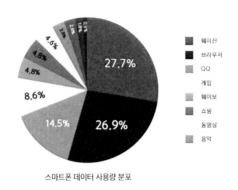

모바일 쇼핑몰에 관한 주 관심사는 무엇보다도 웨이디엔(웨이신 상점)이라고 할 수 있다.

중국판 카카오톡인 SNS 웨이신은 약 7억 명의 사용자를 활용해 모바일과 연계하고 있다. 개인이 누구나 무료로 오픈해 점포를 운영할 수 있고 좀 더 고급 기능이 필요하면 외주 업체를 통해 확장할 수 있다.

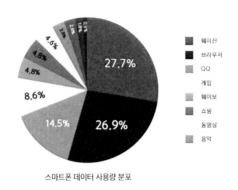

27.7%
26.9%
14.5%
8.6%
4.8%
4.8%
4.6%
2%
0.1%
1%

■ 웨이신
■ 브라우저
□ QQ
게임
■ 웨이보
■ 쇼핑
동영상
■ 음악

스마트폰 데이터 사용량 분포

웨이디엔의 가장 큰 장점은 웨이신을 통해 확보한 펑요 취엔(朋友圈, 모멘트)으로 판매 및 마케팅이 가능하다는 점이다. 우리나라 가가오톡에도 홍보가 가능한 카카오스토리가 있지만 사용하려면 재설치를 해야 한다. 그러나 웨이신 모멘트는 한 앱 내에서 접근할 수 있게 되어 있다. 그만큼 웨이디엔은 지인들을 대상으로 한 입소문 마케팅이 쉽게 구현되나 보니 판매상들이 빠르게 퍼지고 있다.

한국에서도 이미 중국 요우커(游客, 여행객)를 대상으로 한 웨이신 마케팅을 진행하고 있다.

요우커들이 방문하는 면세점, 커피숍에서도 브랜드의 웨이신 공중 계정을 홍보하는 장면을 심심찮게 볼 수 있다. 국내 경기의 침체로 기업 회식이 줄어들고 외식을 점차 줄이는 추세이기 때문이다. 이제는 중국 소비자들을 마케팅하지 못하면 생계를 위협받는 지경이 된 것이다.

웨이신은 개인 SNS뿐만 아니라 브랜드를 마케팅하는 기업에도 큰 영향을 미친다.

웨이신 공중 계정은 기업을 대상으로 지원하는 서비스로 크게 구독형, 서비스형, 기업형으로 나뉜다.

구독형은 판매와 고객 서비스, 하루에 한 번씩 푸시 메시지를 보낼 수 있는 장점이 있다.

서비스형은 홍보 메시지, 푸시 메시지가 한 달에 네 번밖에 허

용되지 않는다.

기업 계정은 인증된 회사만이 등록할 수 있는 계정으로 내부 기업 관리를 목적으로 한다.

웨이신 공중 계정을 통해 쇼핑몰 운영 또한 가능하다. 다만, 공중 계정 가운데 서비스 계정을 등록해야 한다. 그래야만 쇼핑 몰에 필요한 필수 기능인 웨이신 결제가 가능하다.

웨이신의 발전에 힘입어 다양한 모바일 전용 서비스 업체가 등 장하고 있다. 그 가운데서도 웨이신 홍보 플랫폼에 최적화해 쇼 핑몰을 제공하는 앱이 웨이디엔이다.

웨이디엔은 휴대폰 번호와 신분증, 은행카드만 있으면 1분 내로 오픈이 가능한 초 간단 모바일 쇼핑몰이다. 또한, 타오바오처럼 무료로 이용할 수 있고 수수료 또한 없다.

웨이디엔은 현재까지 5,000만 개 이상의 점포와 14억 개가 넘는 상품을 가지고 있다.

웨이디엔이 성공하는 가장 큰 이유는 편리함 때문이다. 휴대전화 인증과 은행카드 등록만 하고 모바일로 사진을 찍어 직접 올리고 가격을 입력하면 판매가 가능한 모바일에 최적화된 쇼핑몰로 모든 서비스와 유지비가 무료이다.

웨이디엔 성공의 두 번째 이유는 SNS 활용성이다. 7억 명 이상이 가입한 텅쉰의 웨이신과 QQ와 연동이 되므로 쉽게 홍보할 수 있다. 특히 웨이신 개인 페이지는 '웨이디엔'에 직접 연동되도록 링크가 연결되어 있다. 따라서 판매자는 웨이신 펑요우엔(모멘트)을 통해 지인에게 홍보하고 구매를 원하는 지인은 웨이디엔을 통해 구매하는 것이다.

웨이디엔에서 잘 팔리는 상품군은 타오바오와 다르다. 웨이디엔에서 잘 팔리는 상품으로 단가가 낮은 상품, 가격 비교가 어려운 상품이 많다.

웨이디엔은 구매자 버전인 마이 쟈와 판매자 버전인 웨이디엔이 있다.

판매자 버전   구매자 버전

웨이디엔의 점포 관리에는 점포 홍보 작성, 점포 화면 꾸미기, 웨이신 및 QQ 추가 여부, 각종 인증, 지급방식, 기본 운송비 정책 등을 설정할 수 있다. 또한, 상품관리 기능을 통해 상품의 이미지와 상품 설명, 아이템 코드, 가격, 재고 수량 및 카테고리 등록이 가능하다. 또한, 등록된 상품별 무료 배송 등 상품별 설정이 가능하다.

웨이디엔에서는 다양한 프로모션 기능도 제공하고 있다. 타오바오에서 제공하는 것과 같은 만지엔(满减), 할인 쿠폰, 무료배송 등의 기본 기능 외에 모바일 메신저 웨이신의 공유 기능을 적극적으로 활용한 특수기능도 있다. 지인에게 상품을 광고해 수익을 창출할 수 있는 CPC 광고로부터 실제 판매가 되었을 시 인센티브를 제공한다.

이외에도 주문관리, 통계관리, 고객관리, 금액관리, 픈샤오(分銷, 하위조직 판매) 등 쇼핑에 필요한 다양한 기능이 있다. 또한, 모바일에서 모두 기능을 운영하는 데 불편함이 따르므로 PC에서도 운영할 수 있도록 기능을 제공하고 있다.

1) 점포 형태 및 방식

접근이 쉽고 사용이 편리한 모바일 쇼핑몰로 적은 투자로 큰 수익을 낼 수 있는 요즘 떠오르고 있는 플랫폼이다. 이는 전자상거래를 시작하려는 초보자들에게 가장 좋은 선택이다.

명칭	특징	비고	기타
웨이디엔 (微店)	-판매자용,구매자용 앱 -판매자용/구매자용 웹사이트 -하급 도매상 관리 시스템 지원 -개인 신분으로 상점을 개설할수 있음 -개인 중국 은행 카드 연동	텐센트의 투자를 받음(1.45억 달러)	보증금 연 기술비 수수료 모두 없음, 홍보비용 별도
파이파이 샤오디엔 (拍拍小店)	-판매자용,구매자용 앱 -판매자용/구매자용 웹사이트 -하급 도매상 관리 시스템 지원 -개인 신분으로 상점을 개설할수 있음 -개인 중국 은행 카드 연동	텐센트가 인수한 징동 쇼핑몰이 별도 개발하여 운영하는 서비스	
웨이신 샤오디엔 (微信小店)	-위챗 공식계정에서 개설 -위챗 공식 계정 관리자 페이지에서 신청 가능 -인증을 받은 경우 개설 가능 (개인이 아닌 사업자) -인증받은 기업의 은행계좌 연동	텐센트 위챗의 자체 서비스	인증 비용 300/번 (매년 1회씩 받아야함) 위챗 지불 기능도 개통 필요 (보증금 3만)

2) 웨이디엔 등록 방법

⑴ 가장 기본적으로 웨이신 아이디를 생성한다.

⑵ 별도의 앱으로 '웨이디엔'을 다운로드하고 기존의 웨이신 아이디로 로그인한다.

⑶ 상단 오른쪽 녹색 메뉴 '상품'을 이용해 판매할 물건의 상세 정보를 입력하면 등록이 완료된다.

⑷ 등록 완료 후 생성된 링크를 복사해 원하는 SNS를 통해 공유한다.

⑸ 고객이 링크에 담긴 상품을 확인하고 페이지 내 구매 버튼을 통해 구매 및 결제한다.

⑹ 주문 확인 후 배송을 진행한다.

3) 웨이디엔의 사용 방법

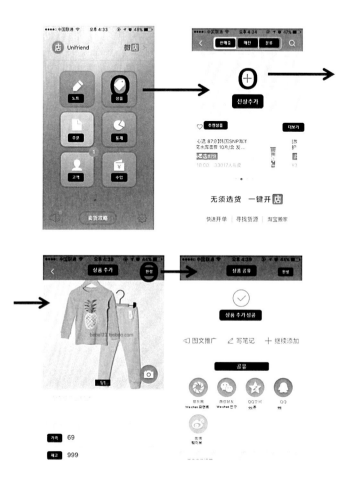

상품 클릭 → 신상 추가+클릭 → 사진 업로드 완성 클릭 → 상품 추가 성공

4) 웨이디엔 플랫폼 내의 마케팅 방법

(1) 웨이신 모멘트 광고

웨이신 친구가 모멘트에 공유, 친구가 아니어도 상품과 어울리는 상대를 선택하여 모멘트에 제품 광고가 뜰 수 있다. 이는 관심 있는 소비자의 범위를 넓혀 준다.

(2) 이벤트/프로모션

온/오프라인을 결합하여 다양한 이벤트 및 프로모션의 주기적인 진행을 통해 잠재적인 소비자의 구매 욕구를 불러일으킨다.

(3) 인기 공식 계정 배너 광고

인기 공식 계정 또는 타깃 소비자가 많이 활동하는 공식 계정에 배너 광고 삽입

(4) 대리상/업체 모집

여러 대리상/업체를 모집하여 판매 범위를 넓힌다.

(5) 앱 내의 마케팅 아이템

웨이디엔 앱의 자체 마케팅 아이템을 사용하며 分成推广 등이 있다.

5) 웨이디엔의 성공사례

직장인인 자 씨는 작년부터 여가 시간에 화장품 구매대행을 시작하였다. 처음에는 단지 아르바이트 형식으로 시작하였는데 예상 밖으로 장사가 잘 되어 올해 들어 자 씨는 직장을 그만두고 웨이디엔 사업에 올인하였다. 결과 웨이디엔 연 매출이 80만 위안이나 달하였고 웨이신으로 직접 판매도 이루어져 총판매액이 일곱 자릿수를 기록하였다.

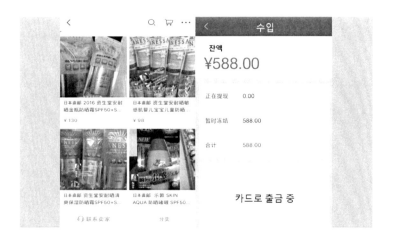

한 명의 교육자인 어 씨는 모멘트에 아동도서에 관한 글들을 자주 올리고 공식 계정까지 만들어 많은 아기를 둔 엄마들에게 열렬한 환영을 받았다. 이를 본 친구의 조언하에 아동도서 판매

를 시작한 여 씨는 웨이디엔을 개설했고 많은 책들이 팔리기 시
작하였다. 지금 여 씨는 매일 근 5,000위안의 판매액을 유지하
고 있다.

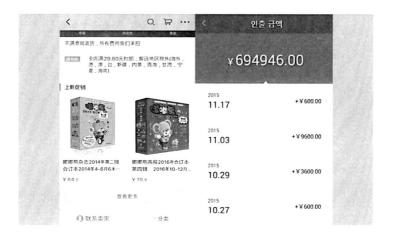

6) 웨이디엔 인기상점

(1) 웨이디엔 인기상점 검색방법

1. 앱 오픈 후 초록색 차트 터치

2. 노란색 왕관 터치

3. 女裝(여성복) 터치

4. 여성복 상점순위 등장

(2) 판매자 마케팅 수단

10가지 SNS 채널에 상품을 등록할 수 있으며 상품에 대한 설명, 가격 등의 정보를 기재하면 된다. PC 버전에서도 가능하다.

표시된 원안에 두 가지 가격표가 있는데 상단에 제시된 가격은
판매 가격이고, 하단은 판매했을 때의 이윤 금액이다. 상점끼리
서로 온라인 유통할 수 있도록 대리판매 기능도 있다. 웨이디엔
의 핵심전략은 대리판매 시장의 플랫폼이라고 볼 수 있다.

(3) 웨이디엔 인기상점 사례

① 时尚轻熟女(SHI SHANG QING SHU NI) <여성복 1위>

(팔로워: 2,983명 / 평균방문(일): 약 2천 명 / 판매량(일): 약 300개)

<공지 안내>

여성복 전문점, 당신의 스타일 고문이 되어 패피로 만들어 드립니다.

주문 후 48시간 이내 반품, 72시간 이내 운송 번호 업로드

운송비 면제 조건 : 부분 상품을 제외한 모든 상품 운송비 면제

제한 지역 : 해외, 홍콩, 대만, 신강, 내몽골, 해남 등 제외

여성복 전문점으로 주로 해외의 화젯거리인 아이템들을 저렴한

가격에 팔고 있다. 스타일 수가 다양하여, 판매량이 적어 보이지만 전체 매출로 봤을 때 꾸준한 높은 판매율을 유지하고 있어 웨이디엔 1위 상점을 계속 유지하고 있다. 앞으로도 소비자들은 더 증가할 것으로 기대되며, 단골로 인해 홍보 효과도 지속할 것으로 보인다. 가성비 높은 상품과 꾸준한 단골손님이 많은 것이 장점이다.

② 韩范儿美装(HAN PAN ER MEI ZHANG)

(팔로워: 981명 / 평균방문(일): 약 1천 명 / 판매량(일): 약 600개)

<공지 안내>

대리점을 모집합니다. 자세 사항은 위챗으로 문의하십시오. 24시간 고객 서

비스, 정품만 판매

QQ : 1198258751, 66元 이상 구매 시 운송비 면제,

제한 지역 : 해외, 홍콩, 대만, 신강, 내몽골, 해남 등 제외

한국 상품을 위주로 판매하여 웨이디엔의 고객보다는 외부
SNS 채널을 통하여 홍보 마케팅으로 판매만 하는 유통 형태로
운영하고 있다. 많은 대리상을 보유하고 있으며, 대리상들의 활

약으로 적은 상품이지만 스타일당 약 1만 장 이상의 매출을 기록하고 있다. 저렴한 가격과 우수한 디자인이 포인트다.

③ SHPUUK微商城(SHPUUK WEI SHANG CHENG)

(팔로워: 7,096 명 / 평균방문(일) : 약 4천 명 / 판매량(일): 약 500개)

<공지 안내>

소비자 보장 점포, 위챗 문의 : 852903335

1元 이상 구매 시 운송비 면제

제한 지역 : 해외, 홍콩, 대만, 내몽골, 해남 등 제외

    남자들에게 옷을 팔기란 쉽지가 않다. 더군다나 온라인으로 옷을 산다는 것은 정말로 옷이 싸거나 디자인이 매우 무난하다는 뜻이다. 그 부분을 완벽히 핵심전략으로 구사하여 성공한 상점이다. 팔로워 수는 7천 명에 판매량도 유동인구에 비해 높은

판매율로 유지되고 있다.

어느 옷에도 어울리는 이너웨어 혹은 스타일과 저렴한 가격이 포인트이다.

④ LSEZ网络精品(LSEZ WANG LUO JING PING)

(팔로워: 26명 / 평균방문(일): 약 1천 명 / 판매량(일): 약 600개)

<공지 안내>

판매자는 72시간 이내에 무조건 반품하며(7일 이내에 반품 가능, 15일 이내
에 교환 가능) 휴가일 제외, 타오바오와 동일한 가격, 지정 택배사는 메시지
로 남겨주세요.

399元 이상 구매 시 운송비 면제, 제한 지역(해외, 홍콩, 대만, 신강, 내몽골
등) 제외

　　쿠폰 마케팅과 보유한 많은 대리상을 통하여 판매하고 있는
대리상 매장이다.

그래픽 티셔츠 위주로 판매하여 많은 매출과 인기를 끌고 있다. 상점이 잘 되는 이유는 타 온라인 쇼핑몰에서 살 때보다 쿠폰 등의 혜택으로 인해 가격이 저렴하기 때문이다.

같은 상품을 구매하더라도 더 싸고 간편하면서도 빠르게 사려는 남자들의 심리를 잘 파악하여 성공한 사례다.

7.
왕홍 👆

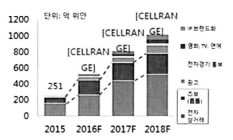

<2016-2018년 중국 왕홍산업 규모>

<왕홍산업체인>

왕홍은 인터넷상에서 인기몰이하는 스타를 뜻하는 말이다. SNS에서 활동하면서 수많은 팬과 영향력을 지닌 사람으로 확대 통용되고 있다. SNS에 사진을 올리면 그들이 입은 옷, 사용하는 화장품 등이 완판되는 일이 이어져 성공적인 마케팅 사례로 이어지고 있다.

장다이(Zhang Dayi)
팔로워 수 : 405만명

2014년 5월에 타오바오 쇼핑몰 오픈, 신상품 출시 때마다 타오바오 매출 순위 최고.

쉐리(Xue Li)
팔로워 수 : 141만명

2015년 1월부터 8월까지 8개월간 매출 2억 위안(약 350억 이상)정도로 추정. 옷 가격은 220위안에서 240위안 사이.

자오다시(Zhao Daxi)
팔로워 수 : 30만명

대학 재학 중 타오바오 쇼핑몰 오픈, 2013년 졸업 당시 직원수 1000여명의 의류업체로 성장.

1) 왕홍의 유형

크게 커머스 왕홍과 콘텐츠 왕홍으로 나뉜다. 커머스 왕홍은 제품 홍보와 판매로 이익을 얻고 있으며, 콘텐츠 왕홍은 자신이 제작한 동영상을 시청한 팬들의 후원이 주요 수입원이다. 따라서 콘텐츠 왕홍은 시청자의 후원을 유지하는 데 관심이 있으므로 커머스 왕홍에 비해 외부 홍보 의뢰에 까다롭다.

커머스 왕홍에서 다시 스스로가 하나의 브랜드가 되어 자체 상품을 기획하고 판매하는 셀럽형, 외부 의뢰로 제품을 홍보 판매하는 광고형 왕홍으로 다시 나뉜다.

유명인사, 이미 사회에서 유명한 인사(방송 스타, 기업가, 학자, 교수 등)가 SNS 등의 채널을 통해 인기가 높아지거나 자신의 활동, 기업 홍보 등을 위해 왕홍으로 발전한다.

2) 왕훙 산업 성장 잠재력

(1) Analysys(易觀智库, 이관쯔쿠)에 따르면 중국 왕훙 산업 규모가
   2018년에는 1,016억 원에 이르러 2015~2018년 연평균 성장률
   이 59.4%를 달성하리라 예측하였다.
- 전자상거래 및 생방송 플랫폼은 현재 미래 중국 왕훙 산업의
   경제적 가치를 창출하는 주요 채널로 2016년 전자상거래 및
   생방송 플랫폼은 왕훙 산업 총수익의 86.4%를 차지하였다.

(2) 왕훙 인큐베이팅 기업으로 촉발되는 시장

- 대량 왕훙 자원을 보유해 투자시장에서 인기를 올리는 왕훙
   인큐베이팅 기업이 점차 늘어나는 추세이다. 왕훙 인큐베이팅
   기업은 왕훙을 대규모로 육성하기 위한 다양한 수단을 갖추고
   있으며 개개인의 왕훙보다 위험성 대응 능력이 강해 왕훙 산업
   의 경제적 가치를 확대할 수 있는 기반을 갖추고 있다.

<h2><왕훙 인큐베이팅 기업 종류></h2>

탄생시기	인큐베이터	투자자	투자액
2015.10.26	루한뎬상(如涵电商)	진롄쯔번(君联资本) 싸이푸아저우	미공개
2015.12.11	페이보궁촹(飞博共创)	N/A	미공개
2016.04.08	왕훙라이러(网红来了)	세리밍	미공개
2016.05.04	티쑤뎬상(缇苏电商)	광셴찬메이	3000만 위안
2016.06.06	치파오(七炮)	상하이신문화매체(上海新文化传媒) 청두 롄촹보루이(成都联创博瑞) 동방푸하이(东方富海)	1억 위안
2016.07.13	중잉타오(中樱桃)	유주게임(游久游戏)	5000만 위안
2016.08.15	매아쿵(美空)	완둔자산(万吨资产) 등	1억 위안

자료원: Analysys 이관즈쿠(易观智库)

<h2><왕훙 산업의 수익 창출 방식></h2>

수익창출 모델	수익창출 방식	사례
전자상거래	각 왕훙의 팬들을 전자상거래 플랫폼으로 이끌고 상품 구매를 유도함	- 타오바오 왕훙 숍 - 개인 미디어인 위이상
라이브 방송 및 인센티브	팬들은 라이브방송 플랫폼을 통해 버퓨일 선물을 주거나 라이브 내용이 좋아서 인센티브를 증정함	- 캐스터가 라이브 중에 받은 버퓨어 선물 - 각 SNS 플랫폼에서 받은 인센티브
광고	내용 왕훙은 SNS에 광고를 포스트, 브랜드를 언급하는 것과 같은 방식	- 됀쯔서우가 작성한 홍보 문장 - 동영상에 브랜드 삽입 - 인터넷 드라마와 영화에 광고 삽입
게임 홍보모델 및 계약	전자경기 왕훙은 라이브 플랫폼과 계약을 맺고 홍보 모델로 활동	- 왕훙은 전자게임의 모델로 선정 - 현직/퇴역한 경기선수가 게임 라이브 방송 플랫폼의 캐스터가 됨
연예인	개인 조건이 우수한 왕훙은 직접 연예계에서 데뷔	- 회사와 계약을 맺고 연예계 활동을 진행
IP 브랜드화	'왕훙+내용IP+브랜드화+다분야 운영' 방식으로 더 큰 파생가치 실현 가능	- 창의적인 내용을 IP 브랜드화하고 저작권을 판매 - 왕훙이 직접 왕훙 인큐베이터를 설립하고 매니저 업무 수행

자료원: 치웨이문화미디어(七维文化传播)

3) 왕홍 전자상거래 특징

　왕홍 전자상거래는 다음과 같은 특징들을 갖고 있다. 다양한
방식의 디스플레이, 풍부한 콘텐츠, 우수한 사진 및 동영상 제
작 능력을 소유하고 있다.

자료원: 치웨이 문화미디어(七维文化传播)

　팬들과의 활발한 교류 활동, 왕홍 웨이보에서 타오바오 샵으로
직접 연결해 구매 편리성 확보, 팬을 위한 이벤트를 통해 팬을
소비자로 전환시킨다.

자료원: 치웨이 문화미디어(七维文化传播)

상호 간 활발한 댓글 활동으로 구비(口碑, 커우베이) 전파의 효과
를 극대화 시킨다.

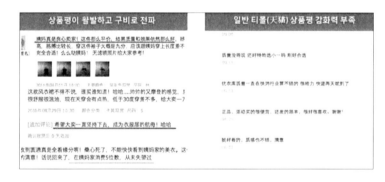

자료원: 치웨이 문화미디어(七维文化传播)

4) 왕훙의 성공 사례

사이트명	openlady
회사명	openlady 服裝公司(회원 수 : 321.5만 명)
주소	浙江杭州 절강 항주
사이트	https://hotpink-hotpink.taobao.com/
특징	- 99.26%의 좋은 후기와 가게 종합 평점이 4.78(만점 5점)에 달한다. - 한국 스타일이 주를 이룬다. - 위챗과 웨이보를 통하여 회원들에게 새로운 소식들을 발 빠르게 전달한디. - 옷 가격은 보통 200~400 RMG 사이에 있다. - 직장인들에게 어울릴 법한 옷들이다.

사이트명	ALU ONLINE SHOP
회사명	ALU ONLINE SHOP(회원 수 : 179.8만 명)
주소	浙江杭州滨江滨康路105号 절강 항주
사이트	https://shop59333000.taobao.com/
특징	- ALU ONLINE SHOP 회사에서 정식으로 설립한 티몰 플래그 샵이다. - 고객들에게 최상의 품질과 가격, 서비스를 제공한다. - 가격은 비교적 높은 편에 속하지만 두터운 팬층을 보유하고 있다. - ALU ONLINE SHOP은 평판 좋은 성실한 브랜드로 성장하고 있다. - 상품묘사, 서비스, 운송 등 여러 방면에서 모두 동일 업종보다 40~50% 앞서고 있다.

사이트명	LOVETHIRTEENC(회원 수 : 337만 명)
주소	浙江杭州 절강 항주
사이트	https://love13c.taobao.com/
특징	- 상품 묘사, 업무태도, 운송 등 동일업계에서 30~40% 앞서고 있다. - 비교적 질서 있는 회원관리체계로 회원들을 대상으로 많은 이벤트와 할인을 진행하고 있으며 이는 회원 수의 증가와 유지에 비교적 크게 이바지하고 있다. - 원가가 상대적으로 높은 외투를 제외한 나머지는 대부분 가격이 200 RMB 이내이다. - LOVETHIRTEENC는 옷을 제외한 액세서리, 가방, 모자 등도 판매하고 있다.

사이트명	GRACECHOW(회원 수 : 111.5만 명)
주소	北京 북경
사이트	https://gracechow.taobao.com/
특징	- 상품묘사, 서비스, 운송 등의 부분에서 모두 동일 업종에서보다 50% 이상 앞서고 있다. - 새로운 싱품의 업데이트나 이벤트를 진행할 시 먼저 회원들에게 통보하며 회원관리시스템이 분명하게 나뉘어 있고 고급 회원일수록 누릴 수 있는 혜택이 더 크기에 회원들의 구매욕을 자극할 수 있다. - 상품들의 가격은 150~600 RMB에 있으며 종류에 따라 편차가 크다.

사이트명	黄一琳的 EMBRACELIN
회사명	杭州微念电子商务有限公司(회원 수 : 86.9만 명)
주소	浙江杭州 절강 항주
사이트	https://elin11.taobao.com/

특징	- 20, 30대 여성을 타깃으로 한 디자인이 주를 이룬다. - 가격은 대부분 100~300 RMB로 가성비가 높은 편이다. - 좋은 후기가 99.51%에 달한다.

사이트명	西西小可 潮品女装
회사명	杭州欧鹏品牌管理有限公司(회원 수 : 786.8만 명)
주소	浙江杭州 절강 항주
사이트	https://lovekiko.taobao.com/

특징	- 스타일 수가 많고 가성비가 높다 - 매주 월요일미디 신상 업데이트를 진행한다. - 옷뿐만 아니라 액세서리, 신발, 모자 등도 판매하고 있다. - 사이트에서 코디 매칭도 추천해 주고 있어 많은 팬들의 좋은 평을 얻고 있다.

사이트명	STYLEYINZ 小银子定制
회사명	小银子原创设计女装公司(회원 수 : 597.9만 명)
주소	浙江杭州 절강 항주
사이트	https://love-xiaoyinzi.taobao.com/
특징	- 小银子原创设计女装公司는 2009년 7월 19일에 설립되었다. - 간결한 유럽풍이 주 스타일을 이룬다. - 자기만의 색깔로 500여만 명의 회원을 누적하였으며 99.15%의 좋은 평 후기와 함께 타오바오 여성복 샵에서 TOP 20을 기록하였다. - 옷 가격은 100~500 RMB 사이에 있고 비교적 많은 할인 이벤트가 있다.

小虫米子(xiaochongmizi) 회원 수 : 12,000명

XIAOMCHONGMIZI는 2005년에 토보에 등록된 후 시장과 소비자의 욕구를 정확히 파악하고 있다.

XIAOCHONG은 Affordable Fashion을 장악할 수 있는 핵심 자본이다. XIAOCHONG의 디자이너들의 영감은 여성 욕구에 대한 심노 있는 인지에서 왔고 이런 인지를 자신의 디자인에 완전히 소화하여 여성의 세련미와 기질을 남김없이 표현하였다. '복장에 영기를 부여하여 그가 영혼을 가지게 하자.' 이것은 XIAOCHONG 상품의 경쟁력을 높일 수 있는 비법이다.

| | 淘宝首页 | 京东首页 | 天猫首页 |

회사명	深圳小虫米子时尚设计有限公司(회원 수 : 12,000명)
주소	深圳市南山区南山大道 1024号 亿利达大厦 A座 4楼 419
사이트	https://tone-elegancy.taobao.com http://mall.jd.com/index-54906.html https://xiaochongmizi.tmall.com
특징	- 브랜드 이미지가 명확하고 브랜드의 독특한 스타일에 전념한다. - 소비자의 욕구를 파악하고 패션의 촉각으로 소비자의 심리를 사로잡는다. 동방 여성에 적합한 유럽 미주풍 복장을 디자인하여 소비자의 신뢰와 관심을 이끌어감과 동시에 디욱 많은 새 고객군을 유치한다. - 티몰, 징동, QQ몰 등 대형 플랫폼에 진출하여 상품의 신상 업데이트를 좀 늦게 하고 전체적인 서플라이 라인을 재통합하고 디자이너 브랜드를 주력으로 한다.

XIAOCHONGMIZI는 토보 C점의 제일의 여성복으로 브랜드 스타일에 전념하고 소비자의 욕구를 정확히 장악하여 만족시킴을 통하여 충성고객을 누적한다. 동방 카멜 그룹과 전략적으로 합작하여 자체의 홍보, 마케팅의 결함을 보충하여 더욱 많은 소비자들이 XIAOCHONGMIZI라는 브랜드를 인지하고 나아가서 더욱 많은 소비사가 이 브랜드의 복장을 구매할 수 있게 하였다.

SMALL LIKE 회원 수 : 8,277,000명

毛菇小象 : 유러피안과 미주 풍격의 패스트패션 위주의 여성복 점포이고 온라인에서만 판매를 한다. 티몰, 토보, 징동 등 사이트에서 판매를 진행한다.

티몰 홈페이지 진열

토보 홈페이지 진열

회사명	杭州默琳服饰有限公司
주소	杭州市江干区九堡九昌路宣家埠 3区 1号 2号楼 3楼
사이트	https://shop64185146.taobao.com https://maoguxiaoxiang.tmall.com http://mall.jd.com/index-70446.html
고객평가	유럽과 미주풍에 개성이 있고 가격 대비 성능비가 높은 상품이다.
특징	- 평균 150원 좌우로 가격이 합리적이다. - 원단의 상태 유지, 편안함과 친환경에 신경을 쓰는 만큼 원단 선택이 까다롭다.
브랜드 스타일	유럽과 미주풍의 스타일 위주로 자유, 개성, 세련과 유럽 미주의 스트리트 룩의 활력을 결합하여 스타일들이 간결하고 세련되었다.

MIUCO
专注高端品质欧美女装

繆可 회원 수 : 5,564,000명

MIUCO는 유럽과 미주풍 스타일의 여성복 디자인으로 생산, 판매, 서비스 등의 업무를 하고 있다. 여성 패션의 간약, 화발, 화려를 돌출시키는 취지로 국제화한 패션을 이끄는 브랜드를 만들고 있다.

토보 매장 홈페이지   티몰 매장 홈페이지   경동 매장 홈페이지

MIUCO	上海勒弗繆可服饰有限公司
주소	上海市金山区枫泾镇环东一路 65弄 2号 2105室
특징	MIUCO의 유럽과 미주풍으로 세련, 시원, 간결함과 동시에 활발함을 더해주고 있다. 단정하고 우아하면서 순진함의 공존은 MIUCO의 특색이다.
포지셔닝	• 타겟: 20~35세 오피스레이디 • 고품질, 중고의 가격대
사이트	http://miuco.jd.com / https://miucomiuco.taobao.com https://miuco.tmall.com
강점	스타일 수가 많고, 업데이트가 빠르고, 가성비가 높다. 매일 새로운 스타일을 업데이트한다. 매일 오전 10시에 특가 판매를 하여 단골에 답례를 하고 새로운 고객을 유지한다.

繆可 회원 수 : 5,564,000명

YUMOMO 브랜드는 YUMENGJIAO가 2010년에 창립한 브랜드이다. YUMOMO 패션은 전통을 타파하고 프라이빗한 스타일과 완벽한 컬러, 유행하는 요소를 지니고 있다. 더욱 다양하고 풍부한 아이템과 유행을 타는 프라이빗한 복장을 만들기 위해 노력하고 있다. 고객들이 패션의 왕국에서 어떻게 하면 더 예뻐질 수 있는지의 모든 문제를 해결해 주고 복장, 신발, 가방 그리고 라이프스타일 등 모든 분야에서 문제를 해결을 해주어 더욱 여성적이고 내적과 외적의 아름다움을 더해준다.

토보매장 여성복 홈페이지

토보매장 아동복 홈페이지

회사명	杭州曼熙电子商务有限公司
주소	杭州市江干区九堡镇朝阳工业园俪亨国际
브랜드스타일	YUMOMO에는 여러 가지 스타일의 여성복이 편집되어 있다.
포지셔닝	정교한 여성, 단정한 명문 규수, 품질 있는 라이프, 품위생활, 친화력이 있는 여성을 포지셔닝하고 있다.
于momo 아동복	2016년 7월 12일 아동복브랜드가 창립되었다.
사이트	https://shop60552065.taobao.com https://shop116894852.taobao.com
마케팅	- 감성 마케팅의 방식으로 충성도가 높은 소비자들을 유지한다. - 미니블로그 등 소셜 네트워크를 통하여 팬 마케팅을 전개한다. - 다이아몬드 부스를 이용하여 주목을 끌고 플로우를 증가시킨다.

YUMOMO는 네트워크 브랜드로 더욱 합리적 가격과 높은 가성비의 특성을 선보이고 있다. 매월 대량의 새로운 스타일을 업데이트하고 미니블로그 등 소셜 네트워크를 통하여 팬들에게 판매한다. 팬들의 의견을 수렴하여 팬들이 선호하는 적합한 스타일을 만들어 내어 단골을 누적하고 대량의 팬들 리트윗을 통하여 새로운 팬을 단골로 만든다.

 **吾喜欢的衣橱** 회원 수 : 2,800,000명

'WUXIHUANDEYICHU' 이 브랜드는 ZHANG DA YI라는 유명한 쇼핑몰 모델이 2014년에 창립했다. 모델 활동 기간 팬들은 그의 복장과 코디에 관심을 보였고 그들은 또한 자주 옷을 사는 부류였다. 그래서 팬들은 그에게 옷의 구매처에 대해 자주 문의를 하였다. ZHANG DA YI는 자기가 좋아하는 복장을 팬들에게 추천해야겠다는 아이디어를 구상하였다. 많은 젊은 여성들은 국제 브랜드에 대해 관심이 있으나 비싼 가격 때문에 발길을 멈추는 수밖에 없었다. 어떻게 팬들의 이런 스타일에 대한 욕구를 더욱 서민적인 가격으로 만족하게 해줄 수 있을까란 생각 끝에 2014년 7월에 'WUXIHUANDEYICHU'의 토보 사이트에 온라인 매장을 설립하였다.

淘宝首页图 토보 매장 홈페이지

회사명	杭州大奕电子商务有限公司
주소	杭州市江干区九盛路 9号
포지셔닝	- 매장은 35세 이하의 여성들을 타깃으로 재학생과 갓 사회 진출한 여성 혹은 시티걸들의 공통적 특징인 자유와 다양한 스타일에 대한 수요를 타깃으로 하였다. - 미니블로그에서 호평받는 수량과 평론으로 팬들의 선호하는 부분과 가격의 감수 정도를 캐치해서 플라이어 라인에 반영하여 상품이 시장 수요에 더욱 적합하도록 만들었다.
사이트	https://bigeve8.taobao.com/ http://weibo.com/p/1003061549362863/info?mod=pedit_more
마케팅	인터넷 스타의 인기로 대량의 팬들을 확보하고 팬들의 선호와 가격에 대한 수요에 따라 상품을 더욱 시장에 적합하도록 만들었다. 미니블로그 상의 팬들이 ZHANG DA YI의 새로 개발되는 신상에 제일 진실한 데이터의 근원이 되어 팬 마케팅의 효과를 달성하였다.

ZHANG DA YI는 상품 소개 시 상품의 출처와 상품의 코디 그리고 자신의 상품 코디 라이프 포토를 올려 팬들이 친절함을 느끼게 하여 팬들에게 신뢰감과 신빙성을 주어 충성도가 높은 고객을 만들어 나갔다. 독특한 심미관과 유명 브랜드의 개량된 스타일을 합리적인 가격과 좋은 퀄리티와 고 가성비로 점포의 팬 수량

을 누적하고 팬들을 끌어들였다. 이 브랜드 판매량의 주요 근원은 ZHANG DA YI의 팬들이다. 모델과 인터넷 스타의 신분으로 대량의 국제 브랜드의 옷들을 접할 수 있었고 자신의 개량으로 대중의 데일리룩으로 적합하게 만들었고 자체 생산으로 가격을 적중하게 했다. 코디 포토와 흥미로운 설명으로 점포의 특성을 돌출시켰고 소셜 네트워크의 영향력에 힘입어 대량의 팬들을 점포로 모이게 하였다. 그들은 패션을 선호하고 ZHANG DA YI의 착장 스타일에 동감하며 재구매율은 100%에 달하였다.

RONGMEI 회원 수 : 2,302,000명

RONGMEI는 지난 8년간 일본 여성복 유행에 전념한 패션 브랜드이다. 점포는 2006년에 설립하였고 그들은 도매가 위주였다. 많은 토보의 소매 점포와 다른 점은 RONGMEI는 온라인상에서 도매한 것이다. ROMGMEI가 도매를 할 수 있었던 것은 그의 품질과 부인의 디자인 실력이었다. 복장의 독특함과 슬로우 패션(유행 3년), 중가 고품질은 온라인과 오프라인, 해외 대리상들에게 충분한 가격 공간을 주었다.

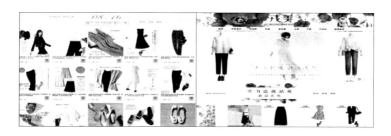

淘宝首页图   天猫首页图

회사명	苏州日禾戎美商贸有限公司
주소	江苏苏州常熟市黄河路12号 国际贸易中心 B幢 1306
포지셔닝	편안함, 첨단, 정장, 일계 여성복.
사이트	https://rongmere.tmall.com https://shop33558160.taobao.com/
마케팅	- 점포의 진열을 보면 RONGMEI의 스타일들은 심플하고 독특하여 사람에게 편안한 시각효과와 미감을 주는 것으로 사이트 고객의 주문 전환율을 높여주고 있다. - RONGMEI는 구매 직통, 다이아몬드 부스와 토보 고객 등 세 가지 판매 루트를 통하여 홍보함과 동시에 고객을 인입하여 주문 전환율을 높여 거액의 판매량을 확보하였다. - '중국 제조' 또한 RONGMEI의 혁혁한 신분 중의 일원이다. 토보는 중국 제조를 강조하는 점포들을 아주 중요시하고 계속 홍보를 해준다. 전통기업에서 전자상거래 영역에 진출한 기업에 많은 수량을 주는 것이다.

간편, 자연, 편안함을 추구하는 RONGMEI는 온라인 도매이고 품질 도매이다. 비교적 낮은 가격에 하이 퀄리티의 제품을 제공하고 있다. 점포 장식도 간단하고 화려하지 않게 하고 적은 서비스 인원으로 스킬핑 판매를 하지 않고 DC 없이 소수 사람에

게만 판매하며 자신이 잘할 수 있는 분야의 옷들만 파는 사이트이다. 말 많은 고객은 차단하여 RONGMEI의 매장에서 악성 후기를 찾아보기가 어렵다.

회원 수 : 2,302,000명

DAXI가 자체 제작한 복고풍의 여성복 점포로 모든 복장은 ZHAO DAXI가 직접 디자인하고 제작한 것으로 강한 개인 스타일 특색을 지니고 있으며 2012년에 항주에서 토보 플랫폼 매장을 설립하였다.

토보 매장 홈페이지

포지셔닝	복고풍 여성복
사이트	https://zhaoyandaxi.taobao.com
마케팅	- 샘플을 선별하여 촬영 후 팬들의 의견과 피드백에 근거하여 선호도가 있는 스타일로 샘플 제작하여 신상을 올려 점포의 POOR 스타일을 줄였다. - 디테일과 품질을 중요시하고 자체 공장을 만들어 퀄리티 컨트롤을 확실히 하였다. - 복장은 강한 개인 특색이 있고 자체 디자인이란 상품 스타일을 살려 많은 고객들을 유치할 수 있었다.

5) 기업이 왕홍을 선택하고 찾아가는 시대

개인에서 탄생한 왕홍은 점차 다양한 경제적 효과를 창출하는 비즈니스 모델로 활용되면서 기업들의 이목을 끌고 있다. 기업이 왕홍 마케팅을 활용할 때 주의해야 할 점을 정리하면 다음과 같다.

(1) 상품 홍보에 적합한 왕홍 선택

왕홍은 일반적으로 스타보다 인지도가 낮고 활동 범위가 작다. 50만 명의 팬을 거느린 왕홍이 적지 않으므로 자사의 상품 마케팅에 적합한 특성이 있는 왕홍을 선택하면 상당한 홍보 효과를 볼 수 있다.

(2) 직접 광고가 아닌 간접 형식으로 홍보

왕홍은 팬들에게 친절하며 평등한 관계를 형성한다는 이미지

를 갖고 있다. 그러나 왕홍에게 특정 기업의 제품을 홍보하도록
한다면 팬들은 이 변화를 바로 감지하게 되어 팬들의 인정 없이
특정 제품 홍보를 무리하게 추진할 경우 왕홍을 통한 마케팅 효
과는 반감되기 마련이다.

(3) 왕홍만의 오리지널 콘텐츠 존중

왕홍은 자신만의 특징을 가지고 있으므로 기업이 가진 홍보
틀 안에 껴 맞추려 하는 것은 상당히 무리한 시도이다. 왕홍의
생명은 팬의 인정과 공감인 점을 반드시 고려해야 하며 기업의
욕심을 버리고 왕홍만의 콘텐츠 구성, 표현 방식 등을 존중해야
결과적으로 긍정적인 효과를 가져올 수 있다.

(4) 왕홍 간의 시너지 효과 활용

왕홍을 활용한 마케팅 비용은 연예인 등 스타를 활용하는
것보다 비용 절감이 가능하다. 합리적인 마케팅 비용 아래에서
제품에 적합한 다양한 왕홍을 연결하면 시너지 효과를 볼 수
있다.

6) 전망

현재 중국에서 인터넷 기반의 모바일 플랫폼은 연예인과 일반인 간의 교류 창구가 되었고 왕홍 산업과 전통 엔터테인먼트 산업 간의 교류 및 자원 공유가 확대되고 있다.

구매 소비의 질이 향상되고 상품 구매용의 전자상거래가 정보, 문화, 트렌드를 소개, 공유하는 플랫폼으로 진화하고 있다.

현재 왕홍 전자상거래는 주로 식품, 의류, 화장품 등 저가 상품에 집중돼 있으나 콘텐츠 구현 기술의 발달, 왕홍 종류의 다양화 등에 따라 향후 더 다양한 제품군으로 증가할 전망이다.

왕홍 인큐베이팅의 중요성이 신속히 부각될 것으로 보인다. 아직 블루오션인 왕홍 인큐베이팅 산업은 결국 다량의 왕홍을 양산하게 됨에 따라 향후 경쟁 장벽 및 진입조건을 높일 것이다. 그러나 왕홍 인큐베이팅은 중국 인재 및 자원의 개발과 다양한 미래, 잠재 왕홍에게 맞춤형 서비스를 제공할 수 있다는 강점이 있다.

에필로그

지금 지구촌은 IT 산업의 발달과 이 모든 분야에서 변화를 요구받고 있다. 특히 산업의 유통 분야에서는 E-Business에서의 모바일에 대한 역동성이야말로 기회 짐작조차 못 할 정도로 급격하게 변화하고 있다.

이렇듯 모바일 시장의 변화에 대한 요구는 우리나라뿐만이 아니라 진 세계 패션 시장의 요구이기도 하다.

한국 사회의 사물 인터넷화, 정보화 미래의 속도에 맞는 4차 혁명은 스마트 융합기술을 접목하여 산업혁명보다 10배 더 빠르고, 300배 더 크고, 3,000배 더 강한 충격이 온다.

예측 불허의 거대한 속도의 변화를 준비하려면 과거의 사고방식을 되돌아보는 자기 성찰이 필요하며 행태에 얽매이지 않는 창조적 파괴자들이 나오고, 이들의 주장에 관심을 기울이는 유연하고 탄력적인 조직과 경영층을 갖추어야 할 것이다.

진정한 E-모바일 비즈니스란 고객의 정보가 실시간 인터넷에 접목(Netted)되고 기업 고객들의 요구에 맞도록 제품을 개발하고 제안 감정의 전달과 수정하는 것까지 포함한다.

현재까지도 진행되고 있고 소비자의 욕구를 정확히 파악하고 그들이 원하는 상품 정보를 최대한 제공하여 마음에 꼭 맞는 맞춤형 쇼핑을 제공하는 것은 고객의 구매 대행자가 아닌 수준 높은 정보 욕구인 '깊은 지혜'이다. 그리고 고객의 심층적인 욕구를 간파할 수 있는 섬세한 감각 즉 '풍부한 감성'이다. 이를 충족시키지 못하는 기업은 도태되고 생존이 위협받는 것이다.

중국 최대의 IT 기업을 이끄는 알리바바 마윈 회장은 불과 10여 년 전까지만 해도 인터넷이 무엇인지도 모르던 '컴맹'이었다. 「포춘」에서 말하는 성공의 성은 자기를 이루는 것이고 공은 공덕을 쌓는 것이다.

"성공은 당신이 얼마나 이루었느냐에 있지 않습니다. 성공은 당신이 무엇을 했고, 그것을 통해 얼마만큼의 경험을 쌓았느냐에 있지요!" 마윈이 말했듯이, 우리는 자신과 기업의 자유를 지키기 위해 소비 및 경쟁 패턴뿐만 아니라 사회 전체의 변화 모습을 지켜보면서 함께 공존하고 발전하여야 미래가 있다. 더욱더 큰 인내와 끈기로 정보혁명에 대응하며, 극복할 수 있도록 미래의 4차 혁명을 준비해야 할 것이다.

끝으로 저에게 배움과 열정을 가르쳐 주신 부모님, 패션협회 원대현 회장님, 인생의 스승님이신 유연미 박사님, 오종규 교수님, 중국 회사의 파트너인 LOUIS 사장님께 감사를 드리고 북랩의 손형국 사장님을 비롯해서 수고해주신 분들과 디자이너 유별영 씨께도 고마움을 전합니다.